普通高等教育（医药卫生类）教材

供医药卫生类专业使用

机能实验学

主　编　刘海鹰　杨晓玲
副主编　单　芳　马玮玮　阮争光
编　者　（按姓氏汉语拼音排序）
刘海鹰（河西学院医学院）
马玮玮（河西学院医学院）
阮争光（武汉科技大学附属天佑医院）
单　芳（河西学院医学院）
杨晓玲（宁夏医科大学）

科学出版社
北　京

内 容 简 介

本书根据机能学教学实验的特点和参编学校实验教学改革的经验，重点编纂了机能学实验的基本方法和经典的机能学实验内容，阐明了进行医学生物学科探索、研究的思维方法。本书强调基础理论、注重实践，具有知识性、趣味性、系统性、科学性和实用性的特点。书中内容的安排有利于培养学生观察问题、分析问题和解决问题的综合能力。

本书可作为医药院校三年制、四年制和五年制临床、护理、助产、口腔、影像、药学、检验、中医、针灸推拿、康复等专业学生的实验教材。

图书在版编目（CIP）数据

机能实验学 / 刘海鹰，杨晓玲主编. —北京：科学出版社，2018.8
普通高等教育（医药卫生类）教材
ISBN 978-7-03-057865-5
Ⅰ. ①机… Ⅱ. ①刘… ②杨… Ⅲ. ①实验医学–高等学校–教材 Ⅳ. ①R-33
中国版本图书馆 CIP 数据核字(2018)第 126466 号

责任编辑：魏亚萌 / 责任校对：张凤琴
责任印制：赵 博 / 封面设计：铭轩堂

科学出版社 出版
北京东黄城根北街 16 号
邮政编码：100717
http://www.sciencep.com
固安县铭成印刷有限公司印刷
科学出版社发行 各地新华书店经销
*
2018 年 8 月第 一 版 开本：787×1092 1/16
2025 年 9 月第九次印刷 印张：9
字数：213 000
定价：49.80 元
（如有印装质量问题，我社负责调换）

前　言

机能实验学是一门研究生物体正常机能、疾病发生机制和药物作用规律的实验性科学，是随着高等教育的发展和医学教育的改革，尤其是实验教学改革的深入逐步建立起来的，它继承了生理学、药理学和病理生理学实验课程的核心内容，且更加强调学科之间的交叉融合，更加注重新技术的应用及学生创新能力的培养。机能实验学的内容涉及生理学实验、药理学实验和病理生理学实验范畴。本课程以培养学生基本实验操作技能为出发点，以提高学生综合素质和科技创新能力为宗旨，打破了学科之间的界限，开设了综合性实验，对于激发学生的学习兴趣，培养学生的探索精神、科学思维、实践和创新能力都起到了重要的作用。

本书除了将生理学、药理学、病理生理学的经典教学实验内容作为基础性实验外，亦系统性地增加了实验基本知识、基本方法和基本操作技能等方面的内容，并将上述三门学科的实验进行有机整合形成了综合性实验项目和探索性实验内容。此外，为了更好地巩固学生的相关理论知识，书后亦附加了生理学和病理生理学部分练习题，以协助学生学习。

本书编者全部是在教学一线从事多年机能实验教学的骨干教师，有着扎实的理论基础和丰富的实践经验。编写人员分工如下：单芳编写第二章实验一至实验三，马玮玮编写第二章实验四至实验六，阮争光编写第二章实验七至实验九，杨晓玲编写第三章实验一至实验四，其余内容由刘海鹰编写。

由于时间仓促，且编者水平有限，尽管编者们不懈努力，书中仍难免有不妥之处，恳请广大师生批评指正。

刘海鹰

2018 年 3 月

前言

目　录

第一部分　实　验

第二部分　练　习　题

第一部分　实　　验

第一章　机能实验学基础

第一节　绪　　论

机能实验学是一门新兴的基础医学实验课程，是将生理学、病理生理学和药物作用三方面的实验内容进行有机结合，研究机体正常机能、疾病发生机制和药物作用规律的实验科学。它继承并发展了生理学、病理生理学和药理学实验的核心内容，注重学科之间的交叉融合与渗透，并重视新技术的应用，对培养学生的动手能力、综合分析能力及科技创新能力将起到重要的作用。

一、机能实验学的目的

机能实验学旨在进一步加深学生对机能学科基本知识、基本理论的理解和认识，使学生通过基础机能学实验和综合性机能学实验的训练，学会常用医学实验仪器设备的正确使用，初步掌握机能学实验的基本操作技术，建立科学研究的基本概念，培养学生的科学思维方法、开拓创新精神以及观察问题、分析问题和解决问题的能力。

二、机能实验课的要求

1. 实验前　仔细阅读实验教材，熟悉实验步骤、操作程序、实验项目和注意事项。复习有关的理论知识，做到充分理解实验原理，并预测该实验各个步骤应得的结果和可能发生的误差。

2. 实验中　实验器材安放整齐，各组人员分工明确，认真循序操作，注意安全，严格遵守规章制度。注意保护实验动物和标本，使其始终处于良好的机能状态。爱护公物，注意节省实验器材和药品。严密、全面地观察实验中的现象，随时记录，并联系讲授内容进行思考。

3. 实验后　整理和清洗实验用品，如有损坏应报告授课教师，关闭仪器、设备的电源开关。必须在授课教师清点检查过仪器和器械后方可离开。整理实验记录，按要求撰写实验报告。各组按顺序轮流值日，整理卫生，取送动物。

4. 实验过程中要严格遵守实验室规则。

三、实验报告的书写

书写实验报告是对实验的总结，也是机能学实验课的一项基本训练。学生们通过书写实验报告，可以熟悉撰写科学论文的基本格式，学会绘制图表的方法，应用学过的理论知识或查阅文献资料，对实验结果进行分析和解释，作出实验结论，以提高知识运用、独立思考、分析和解决问题的能力及书写能力，为将来撰写科学论文打下良好的基础。学生应以科学的态度，严肃认真地独立完成实验报告的书写，不应盲目抄袭书本或他人的实验报告。

撰写实验报告时应注意文字简练、语句通顺、字迹清楚、页面整洁、标点符号使用正确。

实验报告的基本内容包括：

1. 班级、姓名、学号、组别、实验日期。

2. 实验题目。

3. 实验目的。

4. 实验原理。

5. 实验对象。

6. 实验仪器及药品。

7. 实验方法与步骤：简要写明主要实验方法、实验技术、实验步骤。详细记录观察指标的内容和采集的实验数据。阐述要简明、扼要、清晰。

8. 实验项目和结果：此项是实验中最重要的组成部分。根据实验目的，对原始记录进行系统化、条理化的整理、归类和统计学处理。一般采用以下三种表达方式：

（1）叙述式：用文字将观察到的与实验目的有关的现象客观地加以描述。描述时需要有时间概念和顺序上的先后层次。

（2）表格式：此种表达方式能较为清楚地反映观察内容，有利于对比分析。每一表格应说明一定的中心问题，需有标题和计量单位。

（3）波形式：对实验中描记的波形或曲线（如呼吸、血压、肌肉收缩曲线）进行剪贴编辑，加上标注、说明，打印出来，直接贴在实验报告上，以显示实验结果。此种表达方式较为直观清楚，能够客观地反映实验结果。

9. 讨论和结论：实验结果讨论是根据已知的理论知识对结果进行的解释和分析。分析推理要有根据，符合逻辑。如果出现非预期的结果，应考虑和分析其可能的原因，并写入讨论中，请老师评阅。结论是从实验结果归纳出的一般性、概括性的判断，即这一实验所能验证的概念、原理或理论的简明总结。

四、实验室守则

为了顺利进行实验并得到可靠的实验结果，学生在实验室学习时，必须遵守实验室的各项规定。

1. 进入实验室前，必须穿好白大衣，不得穿拖鞋进入实验室。实验室内需保持安静，学生应具备严肃的科学态度，不得无故迟到和早退。对无故缺席者，其该次课记作0分处理。

2. 进行实验分组。每组学生实验前要有明确的分工，分别负责实验的操作、助手工作、麻醉和记录等。每次实验的主要操作者应实行轮换制，以便每个同学都有操作的机会。

3. 学生应在每次实验前预习实验教材，以了解实验目的、方法、操作步骤和注意事项，并在实验课时认真听取指导教师的讲解和教导。

4. 实验开始前，各小组组长应向老师领取手术器械，并根据清单仔细核查器械有无缺损，进行妥善保管。

5. 正式操作前，学生要仔细检查并核对药品、器材和实验动物。在实验中注意节约药品和器材，爱护仪器和实验动物。

6. 对已由老师调试好的电脑和实验仪器的设置不可擅自更动，以免影响实验结果。

7. 实验中，按照教材中描述的或老师交代的实验方法进行操作，严格遵照执行老师强调的实验注意事项。

8. 实验中仔细观察实验反应和现象。及时、详细地记录实验结果和数据，实验中所做的每一项处理均要在实验记录（如曲线图等）中作出标注，并保存好实验的原始记录。

9. 实验完毕后，必须将器材清洗擦干，清点药品；手术器械按清单归还老师；各组轮流打扫实验室卫生，特别要注意水、电、煤气是否关闭，以确保实验室安全。

10. 如在实验过程中造成实验器材、设备损坏，需如实登记，说明原因并签字；由于不当玩弄而造成实验设备、器材损坏的，需写出情况报告，并酌情赔偿。

11. 实验结束后，按照要求书写实验报告，并于下一次实验课前交给指导老师进行批改。

五、机能实验考核办法

机能实验学作为一门独立的课程，应在学生学习结束后组织单独的考核。考核由平时成绩、实验技能和实验设计三部分组成。平时成绩重点考查学生的课堂表现、实验报告书写质量等；实验技能重点考查学生对实验技术掌握的熟练度和操作的规范性；实验设计重点考查学生设计实验的科学性、可行性和创新性。各部分应占有相近的分值比例，分别体现学生的学习态度、对基本知识的掌握、实践动手能力、利用所学知识分析解决问题的能力以及科学精神和创新意识。通过考核不但可以检验此课程的教学效果，同时也有助于发现教学中存在的问题和不足，以便进行改进和完善，推动机能学实验课程改革不断发展。

第二节　实验动物基本知识

一、常用实验动物的选择与应用

（一）实验动物的选择

依据实验内容和要求，及实验所要达到的目的进行实验动物的选择，一般遵循如下原则：

1. 所要观察的实验动物功能特性与人类的功能要有相似性　例如，两栖类动物（蛙）与人类的心肌细胞都有自律性，故观察心肌细胞的自动去极化过程可以选用蛙，但蛙的皮肤有呼吸功能而人的却没有，所以不能以蛙的皮肤呼吸功能类比人的皮肤功能。

2. 动物的种属及其生物特性，适合复制稳定可靠的某种模型，用来观察相应的生理学指标　例如，哺乳动物有发育完善的心脏，且和人相似，有完全分隔的左心和右心，所以可用来进行循环系统功能的研究。但家兔作为草食动物，其消化系统功能与人差异较大，消化液中酶的种类和数量均不同，呕吐反射也不发达，所以不适宜做消化系统功能的研究。

3. 经济易得　只要能达到实验目的，应尽量选择价格较低且容易获得的动物。此外，还要注意制作模型的方法要简便、可靠、需要时间较短，例如，灌服四氯化碳制作急性肝损伤模型时可选择小鼠。

4. 选取健康的动物　健康的温血动物表现活泼，反应灵活，毛有光泽，两眼明亮，眼鼻无分泌物，食欲良好；健康的蟾蜍和蛙皮肤湿润，喜爱活动。进行能量代谢方面的实验要求动物的年龄必须统一；慢性实验应选择年轻健壮的动物。若性别对研究有影响，如研究与性激素分泌功能有关的项目时，应选择同一性别的动物。若性别对研究无影响，应选择雌雄动物各半。若妊娠对实验有影响，应选择无孕的动物。科研实验对动物的品系和纯度要求比较严格，教学实验一般不作严格要求。

（二）常用实验动物

1. 蛙和蟾蜍　容易获得，且离体组织器官实验条件容易达到，是医学实验中常用的动物。在生理、药理实验中，蛙类的心脏在离体情况下可长时间、有节律地搏动，所以常用来研究心脏的生理功能、药物对心脏的作用等。蛙类的腓肠肌和坐骨神经可以用来观察外周神经的生理功能，以及药物对坐骨神经、横纹肌或神经肌肉接头的作用。蛙的腹直肌还可以用于鉴定拟胆碱药物。蛙还常用来做脊休克、脊髓反射和反射弧分析等实验。

2. 小鼠　由于小鼠的体形小、生长繁殖快、成熟早、性情温顺、对外来刺激敏感、质量标准明确、易于饲养管理和大量繁殖，且价廉，故应用较为广泛，特别是用于需要大量动物实验的研究，如药物筛选，半数致死量的测定，药物效价比较，抗感染、抗肿瘤药物及避孕药物的研究等。此外，破坏小脑动物观察、去大脑僵直等实验也常选用小鼠。小鼠是生物医学领域品种最多、用量最大、用途最广的哺乳类实验动物。目前，我国生物医学动物实验中使用最多的是昆明小鼠（Kunming mice，KM 小鼠），昆明小鼠是我国生产量和使用量最大的远交群小鼠，来源于 Swiss 小鼠。

3. 大鼠　是最常用的实验动物之一，其用量仅次于小鼠。大鼠的特点与小鼠相似，但体型较大。一些在小鼠身上不便进行的实验可改用大鼠。如大鼠的血压和人相近，且较稳定，故常选用大鼠进行心血管功能的研究。在抗高血压药的研究开发中，自发性高血压大鼠（SHR）品系是最常采用的动物。目前，我国生物医学动物实验中使用最多的是 Wistar 大鼠和 SD 大鼠。

4. 豚鼠　对组织胺很敏感，易致敏，常用于平喘和抗组胺药物实验。其对结核杆菌亦敏感，故也用于抗结核药物的研究。此外还可用于离体心脏及肠平滑肌实验，其乳头肌和心房肌常用于电生理特性及心肌细胞动作电位实验，以及抗心律失常药物作用机制的研究。亦可用于听力和前庭器官的实验等。

5. 家兔　温顺、易饲养，常用于观察药物对心脏活动、呼吸运动的影响及有机磷农药中毒和解救实验。亦用于研究药物对中枢神经系统的作用、体温实验、热源检查及避孕药实验等。

6. 猫　对外科手术的耐受性较强，血压较稳定，故常用于血压实验，但价格较昂贵。此外，猫也常用于心血管药物及中枢神经系统药物的研究。

7. 狗　常用于观察药物对心脏泵血功能和血流动力学的影响，心肌细胞、浦肯野纤维电生理研究，降压药及抗休克药的研究等。狗通过训练后，可以用于慢性实验研究，如条件反射、高血压的实验治疗、胃肠蠕动和分泌实验、慢性毒性实验和中枢神经系统的实验等。

二、实验动物的编号方法

在动物实验中，为了观察每个实验动物的反应情况，必须对实验动物进行编号、标记。标记的方法应保证号码清楚、持久、简便、易认和适用。现介绍几种常见的标记方法。

1. 染色法　是用化学剂在动物身体的明显部位，如被毛、四肢等处进行涂染，以染色部位、不同颜色来区别各组动物，是实验室最常用、最易掌握的方法。染色法一般适用于白色大鼠、白色小鼠、豚鼠和白色家兔等动物的短期实验。常用的染液有 3%～5%苦味酸溶液（黄色）、2%硝酸银溶液（咖啡色）、0.5%中性品红溶液（红色）。标记时，用棉签或卷着纱布的玻璃棒或止血钳等蘸取少量上述溶液，在动物体的相应部位逆毛流方向涂上有色斑点。编号原则是先左后右，从前到后。左前腿部记为 1 号，左侧腰部记为 2 号，左后腿部记为 3 号，头部记为 4 号，腰背部记为 5 号，尾部记为 6 号，右前腿部记为 7 号，右侧腰部记为 8 号，右后腿部记为 9 号，不涂色的为 10 号。用单一颜色可标记 1～10 号。如果动物数量超过 10 只，可用两种颜色共同标记，即一种颜色代表十位，另一种颜色代表个位，这样可标记到 99 号。染色法多用于实验周期短、动物数量不多的情况，不宜用于长期实验。

2. 穿耳孔法　是用动物专用耳孔器在动物耳朵的不同部位打一小孔或打成缺口来表示一定号码的方法。这种编号方法适用于长期实验及体毛颜色较深不易着色的动物。打孔原则为左耳代表十位数，右耳代表个位数。应用打孔法时常用消毒滑石粉涂抹在打孔局部，以避免孔口愈合。

3. 挂牌法　将号码压在金属号码牌上，最好用铝牌，可反复使用不生锈。将金属牌固定在实验动物耳朵上作为标记。使用时，先将号码牌的尖端避开耳朵中央动脉穿过耳壳，再由耳朵内侧面将其折曲固定，一般用于家兔、豚鼠标记。猴、猫等动物有时可挂在颈部或笼箱上。用于狗的金属号码牌较大，且牌上穿有小孔，可固定在狗链条上作标记。

4. 烙印法　是用刺号钳将号码烙压在动物无体毛或明显的部位，如耳、面鼻部和四肢部位等。应用此方法应注意烙号部位的污染和预防感染。

5. 挂腿圈法　首先将号码冲压在圆形或方形金属牌上，金属牌常用不生锈的铝板制成，或可使用市售的打好号码和记号的铝制牌。然后将金属薄片固定在拴腿的皮带圈上，将此圈固定在动物腿的上部。此法简便、实用，适用于鸡等禽类的编号。

6. 剪尾法　是将动物的尾尖部剪去，一般用于大鼠、小鼠的分组，但仅限于将两组动物区分开，无法给每只动物编号。需注意，若需进行尾尖取血，此法不适用。

7. 剪毛法　是将动物背部的被毛用剪刀剪去，用于标记，此法编号标记清楚、可靠，便于实验人员观察，常用于大中型动物的编号。

三、实验动物的捉拿与固定

1. 家兔　家兔性情驯良，较易捕捉。自笼内取出家兔时，应用手抓住其项背近后颈处皮肤，提离笼底。如家兔肥大或怀孕，应再以另一只手托住其臀部或腹部，将其重心承托在掌上（图 1-1A）。切忌强提兔耳或某一肢体，将家兔强行从笼中拖出，其脚爪锐利，谨防抓伤。将家兔作仰卧时，一手仍抓住颈皮将其翻转，另一手顺腹部抚摸至膝关节，换手臂压住膝关节，再进行捆绑固定。按实验要求，用兔盒或兔手术台固定家兔。若仅做家兔头部操作，如耳缘静脉注射或取血，可将家兔固定在兔盒中（图 1-1B）。若需要观察血压、呼吸或进行颈、胸、腹部手术，则应将家兔以仰卧位固定于兔台上。方法是先将四肢绑好固定带，后肢系在踝关节以上，前肢系在腕关节以上，然后将家兔以仰卧位放在兔手术台上，头部用兔头固定器固定，四肢用固定带分别系在兔手术台的铁柱上（图 1-1C）。

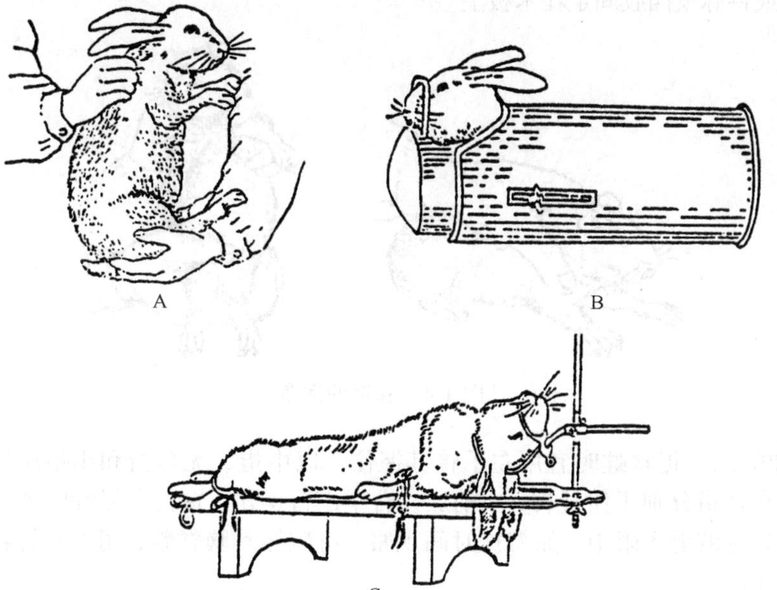

图 1-1　兔的捉拿与固定

图 1-2 大鼠的捉拿

2. 大鼠 大鼠性烈，齿锋利，捕捉时要提防被其咬伤。从鼠笼捉拿时，可用海绵钳夹住其项背皮毛（切勿夹其尾巴）或戴厚手套捉住其尾巴，提出置于实验台上，以左手握住其整个身体后进行操作。在数层厚布的保护下，左手将大鼠压住，食指放在其左前肢前，中指放在左前肢后，拇指置于右前肢后，将头部和上肢固定在手中，再用手掌和其余手指的力量将鼠身握住（图 1-2），右手进行操作。若需做手术，则将其麻醉后绑在固定板上。

3. 小鼠 小鼠较大鼠温和，但也要提防被其咬伤，一般不需戴手套捕捉，可用右手轻抓鼠尾，提起置于鼠笼上，将鼠尾略向后拉，用左手的拇指、食指和中指抓住小鼠两耳后项背部皮毛，再以无名指及小指夹住鼠尾即可（图 1-3）。也可在麻醉后将其固定于小鼠固定板上。

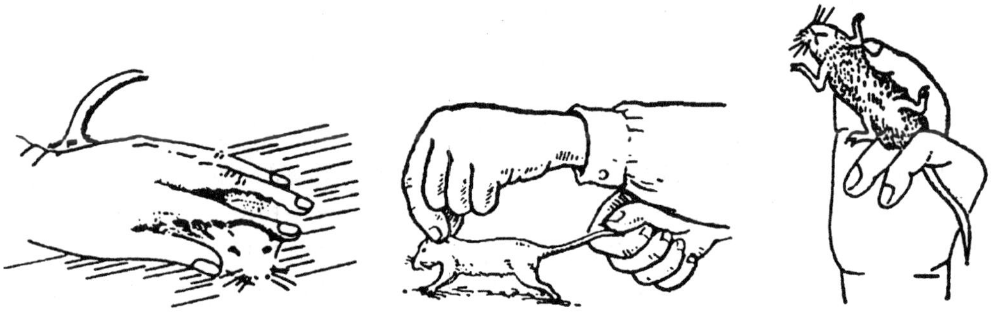

图 1-3 小鼠的捉拿

4. 豚鼠 豚鼠性情温顺，胆小易惊，一般不易伤人，抓取时用右手手掌迅速扣住豚鼠背部，抓住其肩胛上方，拇、食指环握颈部，另一只手托住其臀部（图 1-4）。也可用固定器固定豚鼠，或将豚鼠四肢固定在木板上。

图 1-4 豚鼠的捉拿

5. 蛙和蟾蜍 捉拿蛙时宜用左手将其握住，以中指、无名指和小指压住其左腹侧和后肢，拇指和食指分别压住其右、左前肢，右手进行操作。在捉拿蟾蜍时勿碰压其耳侧和毒腺，以提防毒液射入眼中。如需长时间观察，可破坏其脑脊髓，用大头针将其固定在蛙板上（图 1-5）。

6. 猫 捉猫时应戴手套，防止被抓伤。可先将猫赶入特制的玻璃容器中，用乙醚将其麻醉。或将猫诱入已称重的口袋，扎紧袋口，称重后隔着口袋进行腹腔注射麻醉。

7. 狗　用长柄狗头钳夹持其颈部，并按压在地，向后牵拉其后肢进行后肢小腿外侧小隐静脉的注射麻醉或前肢头静脉注射麻醉。固定时，先固定其头部，再固定四肢。需用特制的狗头固定器固定狗头，四肢固定方法与家兔相同。

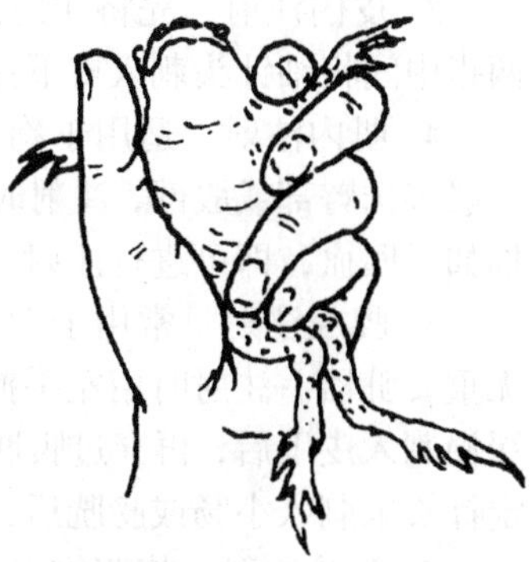

图 1-5　蛙的捉拿与固定

四、常用实验动物的给药方法

给药途径和方法应根据实验目的、动物种类和药物剂型而定，常用方法如下。

（一）经口给药

经口给药分为自动摄入给药和强行经口给药两种方法。

自动摄入给药法可将药物放入饲料或溶于饮水中，使动物自行摄取。该给药方法操作简单，给药时动物接近自然状态，不会引起动物应激反应，适合于长期给药干预实验。但是经由该方法给药，动物摄入药物的量和时间不准确，影响药物作用分析的准确性。

为保证剂量准确，可应用强行经口给药法。此方法的优点是能够准确把握给药时间和剂量，及时观察动物的反应，适合于急性和慢性动物实验。缺点是经常强制性操作易引起动物的不良生理反应，操作不当甚至会导致动物死亡，故应熟练掌握该项技术。现将小鼠、大鼠及家兔的灌胃法简介如下。

1. 小鼠　按前述捉拿法用左手抓住动物，使其腹部朝上，右手持灌胃器（用 1～2ml 注射器连接磨钝的注射针头构成），先从鼠口角处插入口腔，以灌胃针管压其上腭，使口腔和食管成一直线后，再把针管沿上腭徐徐送入食管约 3cm，在稍有抵抗感处（此位置相当于食道通过膈肌的部位）注入药液。如注射顺利，则动物安静、呼吸无异常；如动物强烈挣扎不安，可能针头未进入胃内，必须拔出重插，以免误入气管造成窒息死亡。一次投药量一般为 0.2～0.3ml/10g 体重。

2. 大鼠　灌胃方法与小鼠相似，采用安装在 5～10ml 注射器上的金属灌胃管，插入食管约 5cm，有时灌胃需人配合。大鼠一次灌药量为 1～2ml/100g 体重。

3. 家兔　家兔灌胃采用 8 号导尿管配以一个木制张口器。灌胃时需两人合作，一人坐好，将家兔的躯体和下肢夹在两腿之间，左手紧握双耳，固定头部，右手抓住其前肢。另一人将兔用张口器横放于家兔口中，并将家兔舌压在张口器之下，再使导尿管通过张口器中部的小孔慢慢沿上腭插入食管 16～20cm。为避免误入气管，可将胃管的外端放于清水杯中，若有气泡从胃管口逸出，应拔出再插。如无气泡逸出，表明导管在胃内，即可将药液注入，然后再注入少量清水，将胃管内药液冲入胃内，灌胃完毕后，先拔出导尿管，后取下张口器。灌药量一般为 10ml/kg 体重。

（二）注射给药

1. 两栖类动物淋巴囊注射　蛙与蟾蜍皮下有很多个淋巴囊，注射药物易于吸收，适合于这些动物全身给药。常用注射部位为胸、腹和股淋巴囊。为防止注入药物自针眼漏出，胸淋巴囊注射时应将针头刺入口腔，由口腔组织穿刺到胸部皮下，注入药物。股淋巴囊注射时应由小腿刺入，经膝关节穿刺到股部皮下，注射药量一般为 0.25～0.5ml。

2. 皮下注射　是将药物注射于皮肤与肌肉之间，适用于所有哺乳动物。注射时用左手提起动物皮肤，右手将针刺入皮下，将针头轻轻左右摆动，如摆动容易，表示确已刺入皮下，再轻轻抽吸注射器，确定没有刺入血管后将药物注入。

3. 皮内注射　先将注射部位剪毛、消毒，然后用左手拇指和食指把动物皮肤按紧，于两指中间将细针头刺入皮下注药，如注射正确，则注药处出现一白色小皮丘。

4. 肌内注射　适用于狗、猫、兔等肌肉发达的动物。应选肌肉发达的部位进行注射，一般多选臀部或股部，注射时左手指轻压注射部位，右手持注射器将针头迅速刺入肌肉，回抽如无回血，即可进行注射。完毕后拔出针头，轻轻按摩注射部位，以利药物吸收。

5. 腹腔注射　常用于大鼠或小鼠给药。穿刺部位一般选在下腹部正中线两侧，该部位无重要脏器。注射时用左手捕捉固定动物，右手将注射针头自下腹部使针头与皮肤成45°角缓慢刺入皮下后，再穿过腹肌，刺入腹腔时术者可有阻力突然减小的感觉，再回抽针栓，确定针头未刺入小肠或膀胱后，缓缓注入药液。

6. 静脉注射　将药物直接注入血液，无需经过吸收阶段。此方法药物作用最快，是机能学急、慢性动物实验最常用的给药方法。静脉注射给药时，不同种类的动物由于其解剖结构不同，应选用不同的静脉血管。

（1）家兔：一般采用耳缘静脉注射麻醉药或其他药物，兔耳血管分布见图1-6。将兔头固定好，找到耳缘静脉，先拔去注射部位的兔毛，用酒精棉球涂擦耳部边缘静脉，并用手指弹动或轻轻揉擦兔耳，促进静脉充血。然后用左手食指和中指压住兔耳根部静脉，拇指和小指夹住耳边缘部分，以左手无名指放在兔耳下作垫，待静脉显著充盈后，右手持注射器尽量从静脉末端刺入血管，并沿血管平行方向深入1cm，放松对耳根处血管的压迫。推动针栓，感觉有阻力或发现静脉处皮肤发白隆起，表示针在皮下，这时应将针头稍稍退回，再往前端刺入。如无阻力和发白隆起现象，表明针在血管中，用左手拇指和食指捏住针眼处皮肤和针予以固定（如需保留针在血管中，可用大号动脉夹夹住针眼以上的针杆和耳缘加以固定），以防针滑脱，随后即可注药（图1-7）。注射完毕后，用棉球压住针眼，拔去针头，继续压迫数分钟，以防出血。

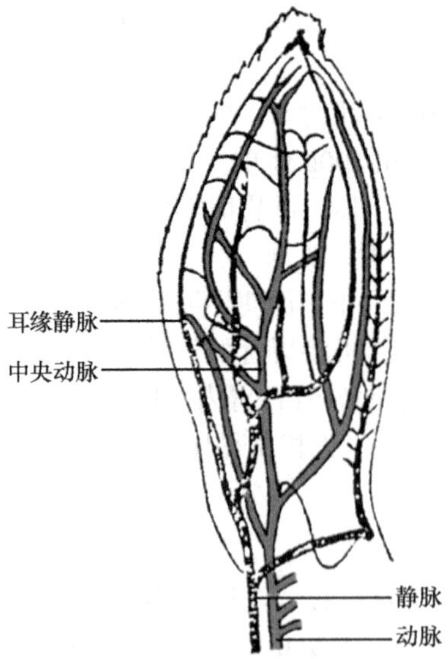

图1-6　兔耳血管分布图

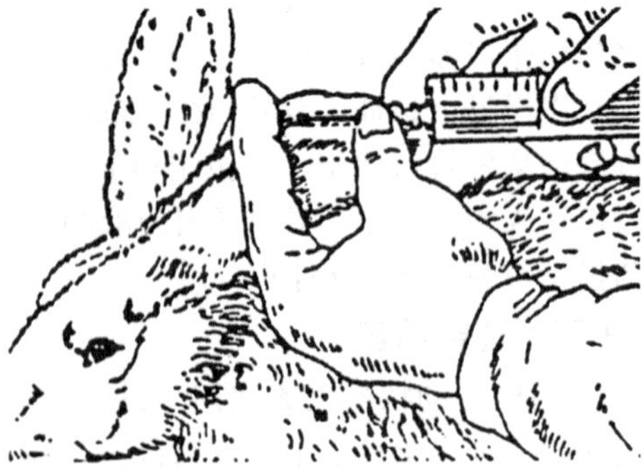
图1-7　家兔耳缘静脉注射方法

（2）小鼠和大鼠：一般采用尾静脉注射（图1-8）。大鼠尾部角鳞较多，注射前需先刮去。鼠尾静脉有3根，两侧及背侧各1根，左右两侧尾静脉较易固定，应优先选择。注射时先将动物固定在鼠筒或玻璃罩内，使鼠尾露出，在45～50℃热水中浸泡，或用二甲苯涂擦，使血管扩张，以左手食指压住鼠尾，拇指和中指（或无名指）夹住尾巴末端，右手持注射器连4号细针头，从尾下1/4处进针，如针确已在静脉内，则进药无阻，否则局部发白隆起，应拔出针头再移向前方静脉部位重新穿刺。

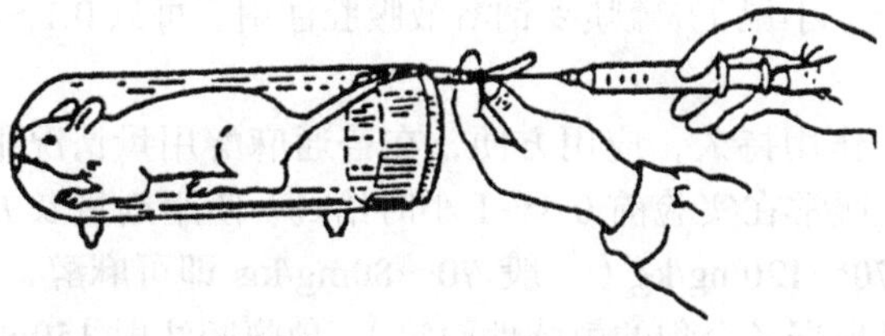

图1-8　鼠尾静脉注射方法

五、常用实验动物的麻醉方法

麻醉的基本任务是消除动物在实验过程中的疼痛和不适感，保障实验动物的安全，使动物在实验中更加配合，便于操作，确保实验顺利进行。

（一）常用麻醉药

1. 局部麻醉药

（1）普鲁卡因：毒性小，是无刺激性的快速局部麻醉药。常用于局部浸润麻醉，用时配成0.5%～1%溶液。

（2）利多卡因：见效快，组织穿透性好，常用1%～2%溶液进行大动物神经干阻滞麻醉，也可用0.25%～0.5%溶液作局部浸润麻醉。

2. 全身麻醉药

（1）乙醚：乙醚吸入法是最常用的麻醉方法，可应用于各种动物。其麻醉量和致死量相差大，所以安全度大。但由于乙醚局部刺激作用大，可刺激上呼吸道黏液分泌增加；通过神经反射还可扰乱呼吸、血压和心脏的活动，并且容易引起窒息，所以在麻醉过程中要特别注意。不过总体来说，乙醚麻醉的优点很多，如麻醉深度易于掌握，较安全，且麻醉后恢复较快。其缺点是需要专人负责管理麻醉，在麻醉初期出现强烈的兴奋现象，对呼吸道又有较强的刺激作用。因此，需在麻醉前给予一定量的吗啡和阿托品（基础麻醉），通常在麻醉前20～30分钟，皮下注射盐酸吗啡或硫酸吗啡（5～10mg/kg）及阿托品（0.1mg/kg）。盐酸吗啡可降低中枢神经系统兴奋性，提高痛阈，还可节省乙醚用量及避免乙醚麻醉过程中的兴奋期。阿托品可对抗乙醚刺激呼吸道分泌黏液的作用，可避免麻醉过程中发生呼吸道堵塞，或手术后发生吸入性肺炎。

（2）氨基甲酸乙酯：是比较温和的麻醉药，较安全。多数实验动物都可使用，更适合于小动物。一般用作基础麻醉，如实验全部过程都用此麻醉时，动物保温尤为重要。使用时常配成20%～25%溶液，狗、兔静脉或腹腔注射5ml/kg。鼠1.5～2g/kg，由腹腔注射。

（3）戊巴比妥钠：一次给药的有效时间可延续3～5小时，适合一般手术的使用要求。其对动物循环和呼吸系统无显著抑制作用。用时配成1%～3%生理盐水溶液，必要时可加温溶解，配好的药液在常温下放置1～2个月不失效。静脉或腹腔注射后很快进入麻醉期，使用剂量及方法：狗、猫、家兔静脉注射30～35mg/kg，腹腔注射40～45mg/kg。

（4）硫喷妥钠：黄色粉末，有硫臭，易吸水。其水溶液不稳定，故必须现用现配，常用浓度为1%～5%。此药作静脉注射时，由于药液可迅速进入脑组织，故诱导快，动物能够很快被麻醉。但苏醒也很快，一次给药的麻醉时效仅维持0.5～1小时。在时间较长的实验过程中，可重复注射，以维持一定的麻醉深度。此药对胃肠道无副作用，但对呼吸有一定抑制作用，由于其抑制交感神经较副交感神经为强，常引起喉头痉挛，因此注射时速度必须缓慢。实验剂量和方法：狗静脉注射 20～25mg/kg，家兔静脉注射 7～10mg/kg。静脉注射速度以15 秒注射 2ml 左右进行。小鼠 1%硫喷妥钠溶液腹腔注射，每只 0.1～0.3ml；大鼠每只 0.6～0.8ml。

（5）苯巴比妥钠：作用持久，应用方便，在普通麻醉用量情况下对动物呼吸、血压和其他功能无较大影响。通常在实验前 0.5～1 小时给药。使用剂量及方法：狗腹腔注射 80～100mg/kg，静脉注射 70～120mg/kg（一般 70～80mg/kg 即可麻醉，有的狗要 100～120mg 才能麻醉，具体用量可根据各个狗的敏感性而定）。兔腹腔注射 150～200mg/kg。

以上麻醉药种类较多，对各种动物使用时应有所侧重。如做慢性实验的动物常用乙醚吸入麻醉（用吗啡和阿托品作基础麻醉）；急性动物实验，如对狗、猫和大鼠常用戊巴比妥钠麻醉；对家兔和青蛙、蟾蜍常用氨基甲酸乙酯麻醉；对大鼠和小鼠常用硫喷妥钠或氨基甲酸乙酯麻醉。

（二）常用麻醉方法

1. 全身麻醉　麻醉药经呼吸道吸入或经静脉、肌肉注射，产生中枢神经系统抑制，呈现神志消失、全身不感疼痛、肌肉松弛和反射抑制等现象。其特点为抑制深浅与药物在血液中的浓度有关，当麻醉药从体内排出或在体内代谢破坏后，动物逐渐清醒，不留后遗症。

（1）吸入麻醉法：常用乙醚作麻醉药。吸入麻醉法对多数动物有良好的麻醉效果，其优点是易于调节麻醉的深度，可较快地终止麻醉；缺点是对中小型动物较适用，但大型动物如狗的吸入麻醉操作复杂，不宜选用此法。

具体使用方法：采用乙醚麻醉家兔及大、小鼠时，可将动物放入玻璃麻醉箱内，把装有浸润乙醚棉球的小烧杯放入麻醉箱，然后观察动物。开始时动物自主活动，不久出现异常兴奋，不停挣扎，随后排出大小便。渐渐地，动物由兴奋转为抑制，倒下不动，呼吸变慢，如动物四肢紧张度明显减低、角膜反射迟钝、皮肤痛觉消失，则表示动物已进入麻醉状态，可进行手术和操作。在实验过程中，应随时观察动物的变化，必要时把乙醚烧杯放在动物鼻部，以维持麻醉的时间与深度。

（2）注射麻醉法：常用的麻醉药有戊巴比妥钠、硫喷妥钠、氨基甲酸乙酯等。大鼠、小鼠和豚鼠常采用腹腔注射法进行全身麻醉。狗、家兔等动物既可腹腔注射给药，也可静脉注射给药。在麻醉兴奋期出现时，动物挣扎不安，为防止注射针滑脱，常用吸入麻醉法进行诱导，待动物安静后再行腹腔或静脉穿刺给药麻醉。在注射麻醉药物时，先使用麻醉药总量的2/3，密切观察动物生命体征的变化，如已达到所需的麻醉程度，则余下的麻醉药可不用，以避免麻醉过深抑制延脑呼吸中枢导致动物死亡。

2. 局部麻醉　用局部麻醉药阻滞周围神经末梢或神经干、神经节、神经丛的冲动传导，产生局部性麻醉，称为局部麻醉。其特点是麻醉后动物保持清醒，对重要器官功能干扰轻微，麻醉并发症少，是一种比较安全的麻醉方法。适用于大中型动物短时间的实验。局部麻醉操作方法很多，可分为表面麻醉、局部浸润麻醉、区域阻滞麻醉以及神经干（丛）阻滞麻醉。

（1）表面麻醉：利用局部麻醉药的组织穿透作用，透过黏膜阻滞表面的神经末梢，称表面麻醉。在口腔及鼻腔黏膜、眼结膜、尿道等部位实施手术时，常把麻醉药涂敷、滴入、喷于表面，或经尿道灌注给药，使之麻醉。

（2）局部浸润麻醉：沿手术切口逐层注射麻醉药，药液靠张力弥散，浸入组织，麻醉感觉神经末梢，称局部浸润麻醉。常用药为普鲁卡因。在施行局部浸润麻醉时，先固定好动物，用 0.5%～1%盐酸普鲁卡因皮内注射，使局部皮肤表面呈现一个橘皮样隆起，称皮丘。然后从皮丘进针，向皮下分层注射，在扩大浸润范围时，针尖应从已浸润过的部位刺入，直至要求麻醉区域的皮肤都浸润为止。每次注射时，必须先抽注射器，以免将麻醉药注入血管内引起中毒反应。

（3）区域阻滞麻醉：在手术区四周和底部注射麻醉药阻断疼痛的向心传导，称区域阻滞麻醉。常用药为普鲁卡因。

（4）神经干（丛）阻滞麻醉：在神经干（丛）的周围注射麻醉药，阻断其传导，使其所支配的区域无疼痛，称神经干（丛）阻滞麻醉。常用药为利多卡因。

（三）使用全身麻醉药的注意事项

给动物施行麻醉术时，一定要注意方法的可靠性，根据不同的动物选择合适的方法，特别是较贵重的大型动物。

1. 麻醉药的用量：麻醉过深会导致动物死亡，麻醉过浅又不能获得满意的实验效果。因此，麻醉时除参照一般标准外，还应考虑个体对药物的不同耐受性，且体重与所需药量的关系也并不绝对成正比。一般说，衰弱和过胖的动物，其单位体重所需麻醉药量较小，在使用麻醉药过程中，需随时检查动物的反应情况，尤其是采用静脉注射时，绝不可匆忙以按体重计算出的用量进行注射。

2. 动物在麻醉期体温容易下降，需采取保温措施。

3. 静脉注射开始给药的速度宜略微快些，即先给予总量的 1/3，以使动物能顺利、快速地度过兴奋期；后 2/3 药量的注入速度宜缓慢，并同时注意麻醉观察指标的变化，如肌肉紧张、角膜反射和对皮肤夹捏的反应，当这些活动明显减弱或消失时，应停止注射。动物在麻醉过程中出现呼吸节律不齐和心动过缓时，应立即停止给药。配制的药液浓度要适中，不可过高，以免麻醉过急，但也不能过低，以减少注入溶液的体积。

4. 在寒冷冬季做慢性实验时，麻醉药在注射前应加热至动物体温水平。

六、常用实验动物的手术操作技术

（一）实验动物的被毛去除方法

1. 拔毛法　此法简单实用，在各种动物作后肢皮下静脉注射或取血，特别是家兔耳缘静脉注射或采血时常用。将动物固定后，用拇指和食指将动物实验所需部位的被毛拔去即可。若涂上一层凡士林，可更清楚地显示血管。

2. 剪毛法　是急性实验中常用的方法。将动物固定后，将局部皮肤绷紧，用弯头手术剪紧贴动物皮肤依次将所需部位的被毛剪去。可先粗略剪去较长的被毛，然后再仔细剪去毛桩。需注意不能用手提着皮毛剪，否则易剪破皮肤，影响下一步的实验。为避免剪下的被毛四处飞扬，应将剪下的被毛放入盛有水的烧杯内。

3. 剃毛法　大动物做慢性手术时常采用。先用刷子蘸取温肥皂水将需剃毛部位的被毛充分浸润透，然后用剃毛刀顺被毛方向进行剃毛。若采用电动剃刀，则逆被毛方向剃毛。

4. 脱毛剂法　此方法常用于大动物无菌手术，局部皮肤刺激性试验，观察动物局部血液循环或其他各种病理变化等实验。常用的脱毛化学药品有硫化钠、硫化钠（Na_2S）、硫化钙（CaS）、硫化锶（SrS）、硫化钡（BaS）、三硫化二砷（As_2S_3）等。

常用脱毛剂配制处方：

（1）硫化钠 3 份、肥皂粉 1 份、淀粉 7 份，加水混合，调成糊状软膏。

（2）硫化钠 8g，淀粉 7g，糖 4g，甘油 5g，硼砂 1g，水 75g，共 100g，调成稀糊状。

（3）硫化钠 8g 溶于 100ml 水内，配成 8%硫化钠溶液。

（4）硫化钠 10g，生石灰 15g，加水至 100ml，溶解后即可用。

各种脱毛剂用法：先将脱毛部位的被毛用剪刀剪短，以节省脱毛剂用量。用棉球或纱布块蘸取脱毛剂在脱毛部位涂成薄层，经 2～3 分钟后，用温水洗去该部位脱下的毛，再用干纱布将水擦干，涂上一层油脂。一般脱过被毛部位的皮肤很少发生皮肤充血、炎症等现象。脱毛部位的被毛在脱毛前切勿用水洗，以免因水洗后，脱毛剂渗入皮肤毛根里，刺激皮肤，造成皮肤炎症等。

（二）家兔的基本手术操作

1. 皮肤切开 将家兔麻醉固定后，去除手术部位的被毛。在切口沿线的中点两侧旁开各 0.5cm 处，分别用血管钳夹起皮肤，并向两侧拉开、提起使成“一”字形皱褶，用手术剪在皱褶中点的皮肤上剪一小口，将剪刀并拢伸进切口，使剪刀宽面贴住皮肤内面并挑起，然后撑开剪刀，以使皮肤和皮下组织分离（此为钝性分离法）。当皮肤与皮下组织分离后，用剪刀刀刃沿切口线水平地挑起皮肤（忌剪刀尖向下，以免伤及皮下组织和血管），再行剪开，剪至切口的一侧终点后，向反方向作同样操作，直至达到切口要求的长度。需注意，应钝性分离下面的组织，尤其是肌肉组织，切勿使用剪刀以免出血。

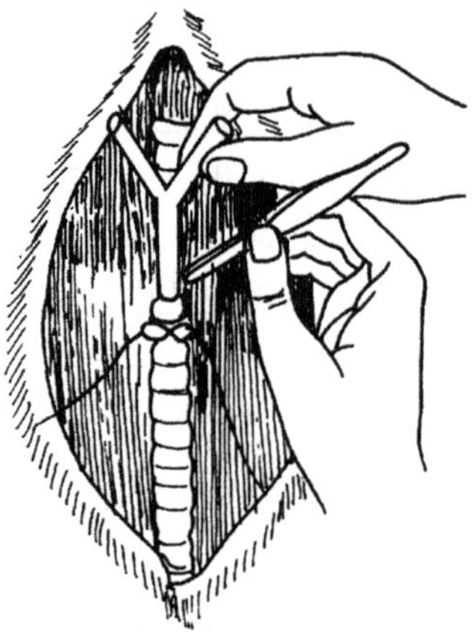

图 1-9 家兔气管插管示意图

2. 家兔颈部手术 颈部手术主要包括气管插管、颈动脉插管和分离颈部神经等。

（1）气管插管：动物取仰卧位，按上述皮肤切开方法，自喉部下缘至胸骨柄上缘，沿颈部正中作一 5～7cm 长的切口，钝性分离皮下组织，于正中线分开肌肉，暴露并游离出一段气管，剥离干净气管表面的筋膜组织（否则剪口时易出血，且血液会流入气管影响呼吸），于气管下穿较粗的棉线备用；在甲状软骨下约 1cm 处剪一“⊥”形切口，插入“Y”形气管插管，注意插管插入时应使插入端的斜口向下（图 1-9），插入 2～3cm 后将插管旋转 180°，使插入端的斜口向上，并用先前穿好的备用线扎紧，再将余线绕气管插管的分叉处扎紧打结，以防滑脱。

（2）颈动脉插管：将上述切口边缘的皮肤连带下方的肌肉组织向外侧拉开，即可见在气管两侧纵行的左、右颈总动脉鞘。在鞘内，颈总动脉与颈交感神经、颈迷走神经、降压神经伴行。应先将颈总动脉鞘分离出来，再从鞘内分离出颈总动脉，剥尽周围结缔组织和筋膜，游离出 3～4cm 长的颈总动脉，尽可能向远心端游离；在动脉下穿 2 根结扎线，用其中一根结扎远心端，用动脉夹夹住其近心端，结扎处与动脉夹夹闭间的颈总动脉长度约需 3cm。用眼科镊柄（或左手食指）垫在颈总动脉下方，用眼科剪在远心端结扎线的近心侧 0.2～0.3cm 处的动脉壁上作一向心方向的斜切口，切口约为动脉管径的一半。取一动脉导管，事先在距导管口上方 1.5cm 处裹贴一圈胶布，将动脉导管充满肝素溶液，并注意排尽管内气体，将管尖由切口向心脏方向插入动脉内（图 1-10）。用已穿好的线在动脉切口的近心侧 0.5cm 处扎紧血管，并将剩余线段沿导管平行拉直，在平齐于胶布圈的远心缘用血管钳夹住双线段，在此处将两根线相互

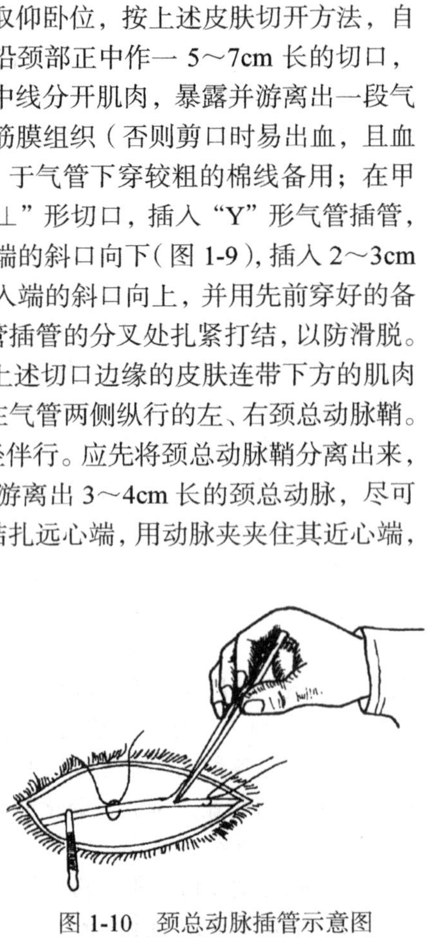

图 1-10 颈总动脉插管示意图

打一死结（此结应与胶布圈的远心缘平齐），再将余线绕在胶布圈远心侧的导管上打结固定，以借此线拉住导管防止其滑脱。使动脉插管与动脉保持在同一直线上，然后将动脉导管作适当固定。注意保持动脉插管的通畅。

（3）分离迷走神经、交感神经、降压神经：家兔的迷走神经、交感神经和降压神经与颈总动脉伴行，走行于同一颈总动脉鞘内。需仔细辨认三条神经，迷走神经最粗，交感神经次之，降压神经最细，且常与颈交感神经紧贴在一起，一般位于迷走神经和交感神经之间。通常先用玻璃分针分离细的降压神经，然后分离迷走神经、交感神经和颈总动脉。每根神经、血管分离出3～4cm长，并在各神经、血管下穿一条不同颜色的细丝线备用。

3. 家兔腹部手术　主要用于肠系膜微循环观察和作输尿管插管术等。

（1）肠系膜微循环观察：于耻骨联合上方约2cm处起，向上沿腹白线作一长5～6cm的切口，逐层分离进入腹腔，推开深灰色的粗大盲肠，找到回盲部，此处有一灰白色的圆形球囊，称圆小囊；或直接找到粗大（直径约1.5cm，长7～8cm）、光滑无皱褶、实质感强、呈灰红色、末端为盲端的阑尾（又称引突）。选取由阑尾通过筋膜牵连着的、其盲端指向的一段小肠，此处肠系膜长，脂肪少，血管丰富，便于进行微循环观察。将此段小肠暂置腹腔外，将其余肠管回纳腹腔，用血管钳夹闭肠段两侧的皮肤切口。将此段小肠的系膜展开，平铺于肠系膜灌流盒中的载物台上，用于肠系膜微循环观察。

（2）输尿管插管术：在耻骨联合上缘沿腹部正中线向上作5cm长的纵行皮肤切口，沿腹白线切开腹腔，将膀胱慢慢移出体外，暴露膀胱三角，仔细辨认输尿管，将一侧输尿管与周围组织轻轻分离。穿双线备用，先用一根线结扎输尿管近膀胱端，在结扎处近肾侧的输尿管上剪一斜切口，切口长度约为管径的一半，把充满生理盐水的细塑料管向肾脏方向插入输尿管内，并结扎固定，随后可见尿液从细塑料管内慢慢逐滴流出。术毕，用浸润温热生理盐水（38℃左右）的纱布覆盖腹部切口，以保持腹腔内温度。

七、常用离体组织器官标本的制备方法

（一）蛙坐骨神经-腓肠肌标本制备

【实验目的】

（1）掌握蛙坐骨神经-腓肠肌标本制备的基本操作过程，训练学生进行实验的基本技能。

（2）熟悉手术器械的正确使用方法。

【实验原理】　在教学和科研工作中，常利用动物离体组织和器官来研究其生命活动的基本规律及影响因素。两栖类动物来源丰富，它的某些基本生命活动和生理功能与哺乳类动物有相似之处。如将坐骨神经-腓肠肌标本从动物机体中游离出来，置于合适的人工环境中，其仍能保持旺盛的生命力。可见两栖类动物的组织或器官在离体的情况下，保持生命活动的要求条件比较低，易于控制和掌握，便于一些神经肌肉实验的观察。

【实验对象】　蟾蜍或蛙。

【实验药品与器材】　任氏液，蛙类手术器械1套，培养皿，刺蛙针，锌铜弓，铁支架，双凹夹，木夹，手术线，玻璃分针等。

【实验方法与步骤】

1. 破坏脑和脊髓　取蟾蜍1只，用自来水冲洗干净。左手握住蟾蜍，小指和无名指夹住其后肢，拇指压住背部，中指放于胸腹部，用食指压住其头部前端使头前俯（图1-11）。右手持刺蛙针从枕骨大孔垂直刺入（两眼裂之后连线背侧近似等边三角形的顶角凹陷处为枕骨大孔），然后向前倾，斜刺入颅腔，左右搅动捣毁脑组织，将刺蛙针抽出，再由枕骨大孔向后刺入脊椎椎管，捣毁脊髓。此时若蟾蜍的四肢先强直后松软、呼吸消失，表示其脑组织、

脊髓已被完全破坏，否则应按上述方法重复操作。

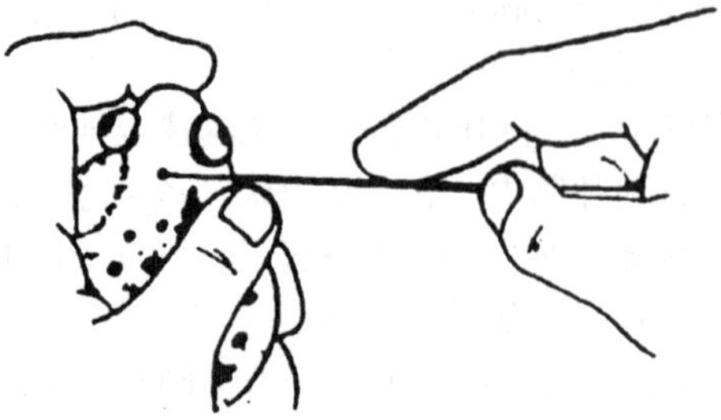

图 1-11 破坏蟾蜍脑和脊髓

2. 剪断脊柱 在骶髂关节水平以上 0.5～1cm 处用粗剪刀剪断脊柱。

3. 剪除前肢及内脏 左手握住蟾蜍脊柱和躯体后半段，将其悬空提起，使蟾蜍头与内脏自然下垂，右手持粗剪刀沿其脊柱的切口向下剪开两侧腹部皮肤至耻骨处，将连带的头、上肢及内脏全部剪掉，注意勿损伤坐骨神经（图 1-12）。只保留下段脊柱和下肢。

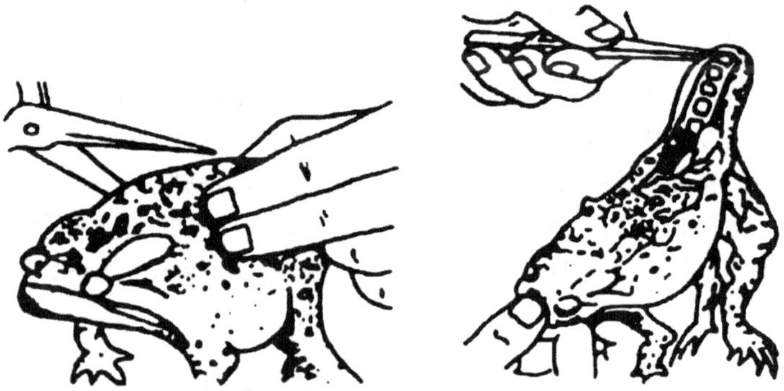

图 1-12 剪除蟾蜍的躯干上部及内脏

4. 去皮 一手用镊子夹住脊柱骨，另一手捏其上方的皮肤，用力将皮肤彻底剥去。将去皮的标本放在盛有任氏液的培养皿中，洗净手和手术器械。

5. 分离左、右下肢 用镊子从背位夹住脊柱将标本提起，剪去向上突出的骶骨（注意勿损伤坐骨神经）。然后沿正中线用粗剪刀将脊柱分为左右两半，再从耻骨联合中央剪开，使两后肢完全分离。注意操作要十分小心，切勿剪断坐骨神经。对于分开的两后肢，一只继续剥制标本，另一只放入盛有任氏液的培养皿中备用。

6. 分离坐骨神经 将一侧后肢的脊柱端腹面向上，趾端向外侧翻转，使其足底向上，用固定针将标本固定在玻璃板下面的蛙板上。用玻璃分针沿脊柱将坐骨神经丛分离清楚，再从大腿背面股二头肌和半膜肌的夹缝中分离出坐骨神经。用粗剪刀将与坐骨神经相连的脊柱下部多余部分剪去，取下脊柱端的固定针，用镊子夹住与神经相连的脊柱骨，提起神经，用眼科剪将坐骨神经向大腿及其他处发出的神经分支剪断，将坐骨神经分离到腘窝处，将神经搭在腓肠肌上。

7. 分离股骨头 左手捏住股骨，沿膝关节剪去股骨周围的肌肉，用粗剪刀自膝关节向前刮干净股骨上的肌肉。保留一小段（约 1.5cm）股骨，剪掉其余部分。

8. 分离腓肠肌 分离腓肠肌的跟腱，用线结扎，自跟腱的附着点剪断。提起跟腱，将腓肠肌剥离出来，并将小腿其余部分剪掉。保留腓肠肌与股骨的联系。

9. 检查标本　标本应包括坐骨神经、腓肠肌、股骨头和一段脊柱。用锌铜弓轻轻地接触坐骨神经，若标本良好，则肌肉会立即收缩。

【注意事项】

1. 制备神经肌肉标本时，不要过度牵拉神经，并且在分离神经时只用玻璃分针。
2. 制备标本时，应随时滴加任氏液，保持神经和肌肉的湿润。
3. 处理股骨时，要将股骨留长一些，以保证后续实验顺利进行。

（二）蛙坐骨神经标本制备

【实验目的】

（1）掌握蛙坐骨神经标本制备的基本操作过程，训练学生进行实验的基本技能。

（2）熟悉手术器械的正确使用方法。

【实验原理】　在教学和科研工作中，常利用动物离体组织和器官来研究其生命活动的基本规律及影响因素。两栖类动物来源丰富，它的某些基本生命活动和生理功能与哺乳类动物有相似之处。如将其坐骨神经标本从动物机体中游离出来，置于合适的人工环境中，其仍能保持旺盛的生命力。可见两栖类动物的组织或器官在离体的情况下，保持生命活动的要求条件比较低，易于控制和掌握，便于一些神经肌肉实验的观察。

【实验对象】　蟾蜍或蛙。

【实验药品与器材】　任氏液，蛙类手术器械1套，培养皿，刺蛙针，锌铜弓，铁支架，双凹夹，木夹，手术线，玻璃分针等。

【实验方法与步骤】

1. 动物处理　与坐骨神经-腓肠肌标本制备方法相同。
2. 游离坐骨神经至腘窝　分离坐骨神经的方法与步骤同“蛙坐骨神经-腓肠肌标本制备”中1～6项。
3. 游离坐骨神经至足趾　坐骨神经被游离至腘窝处后，向下继续剥离，在腓肠肌两侧的肌沟内找到胫神经和腓神经，剪去任一分支（腓神经位于表浅部位，易于分离，实验中常保留），分离留下的一支至足趾。
4. 完成坐骨神经标本　用线将坐骨神经足趾端结扎，在结扎处的远端剪断。将分离好的坐骨神经标本放置在盛有任氏液的培养皿中备用。

【注意事项】

1. 分离皮肤时要用剪刀剪断皮下结缔组织，不要强行撕扯皮肤，以免损伤神经。
2. 坐骨神经在腘窝处分成两支，在绕过膝关节时其上覆有肌腱和肌膜。分离时用玻璃分针将神经挑起，然后用组织剪剪断肌腱和肌膜，切勿损伤需保留的神经。
3. 神经干易受损伤致丧失兴奋性，所以制备标本时应作钝性分离，避免机械损伤。
4. 在避免机械损伤的情况下，仔细清除附着于神经干上的结缔组织膜及小血管。

（三）离体蛙心灌流标本制备

【实验目的】

（1）掌握离体蛙心灌流标本的制备方法。

（2）熟悉手术器械的正确使用方法。

【实验原理】　两栖类动物某些基本的生命活动和生理功能与哺乳类动物有相似之处。如将蛙心标本从动物机体中游离出来，置于合适的人工环境中，其仍能保持节律性收缩功能。可用于一些药物和理化因素对蛙心自律性及收缩性影响的实验观察。

【实验对象】 蟾蜍或蛙。

【实验药品与器材】 任氏液，蛙类手术器械 1 套，培养皿，刺蛙针，蛙心插管，蛙心夹，铁支架，双凹夹，木夹，手术线，玻璃分针等。

【实验方法与步骤】

1. 暴露心脏 用刺蛙针破坏蟾蜍的脑和脊髓，将其以仰卧位固定在蛙板上，以镊子提起胸骨下方皮肤，用剪刀剪开皮肤和胸骨。剖开胸壁后，可见心脏包在心包膜中，用镊子提起心包膜，再用小剪刀将心包剪开，暴露心脏（图 1-13）。

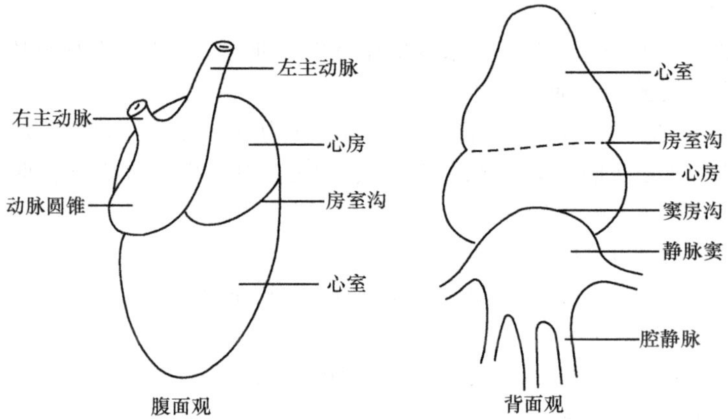

图 1-13 蛙心解剖图

2. 结扎血管 先用丝线分别结扎右主动脉、左右肺静脉、前后腔静脉。也可在心脏的下方绕一丝线，将上述血管一起结扎，切勿损伤静脉窦，引起心脏停搏。在主动脉干下面穿两条线，一条在左主动脉上端结扎作插管时牵引用；另一条则在动脉圆锥上方，系一松结用于结扎固定蛙心插管。

3. 蛙心插管 用左手握住左主动脉上方的结扎线，右手持眼科剪，在松结上方左主动脉的根部剪一小切口（注意要剪破血管内膜，每次心室收缩时有血液自切口涌出，但不要把血管剪断），将盛有少量任氏液的蛙心插管由切口插入动脉圆锥。然后将插管稍向后退，在转向心室中央的方向，于心缩期插入心室腔内，此时若插管中的液面随心搏而上下移动，说明插管已进入心室，扎紧松结，固定于插管侧面的小突起上。

4. 游离心脏 用滴管吸去蛙心插管内的血液并用任氏液灌洗数次，以防血液凝固而堵塞插管。小心提起蛙心插管和心脏，用剪刀剪去所有牵连组织，将心脏摘出。

【注意事项】

1. 用蛙心夹夹心尖部时，尽可能少夹一些，以免损伤心脏。

2. 蛙心插管插入的深度要适宜，过深易损伤心肌，过浅则不能插入心室腔。

3. 结扎静脉时尽量离静脉窦远一些，以免扎住静脉窦导致心脏停搏。

4. 注意及时滴加任氏液保持心脏表面湿润。

（四）离体小肠平滑肌标本制备

【实验原理】 平滑肌的特性与骨骼肌不同，它具有自动节律性、较大的伸展性、对化学物质和温度改变及牵张刺激较为敏感等特点。小肠平滑肌离体后在适宜的环境中也能较长时间地保持生理特性。本标本可用来观察温度、氧供的变化以及神经递质和化学药品等因素对离体小肠平滑肌生理特性的影响。

【实验对象】 家兔。

【实验药品与器材】 20%氨基甲酸乙酯，生理盐水，离体平滑肌灌流系统，滴管，台氏液，哺乳动物手术器械，纱布，细线，小烧杯。

【实验方法与步骤】

1. 麻醉固定　称重家兔，由耳缘静脉缓慢注射20%氨基甲酸乙酯溶液（5ml/kg）进行麻醉，待动物麻醉后，将其仰卧固定于手术台上。

2. 腹部手术、分离肠管　自剑突下3～5cm处，沿腹白线迅速打开腹腔，找出胃幽门与十二指肠交界处，以此处为起点分离长20～30cm的肠段，先将与该肠段相连的肠系膜结扎，从肠缘剪去肠系膜，再将该肠段两端用细线做双结扎，剪断双结扎后取出肠段，于盛有37℃台氏液的容器内清洗末端残留物后，每隔3cm做双结扎（相距1cm），分别从双结扎中间剪断，即获得若干离体肠段标本，然后保存于37℃台氏液内，同时供氧。

【注意事项】

1. 本实验动物可选用家兔、豚鼠、大鼠或小鼠，实验所用营养液应视不同动物、不同组织而不同。营养液以临时新鲜配制为佳，并事先预热至38℃。

2. 制备标本时应动作轻柔，以保持标本良好的机能状态。

第三节　实验常用溶液的配制及仪器设备介绍

一、几种常用生理溶液的配制

内环境稳态是细胞、器官维持正常功能活动的必要条件。细胞或器官的正常功能活动受所浸泡的液体中各种理化因素的影响，如各种离子浓度、渗透压、酸碱度、温度等。因此，在离体组织实验中浸泡离体标本的液体，或机体补液时输入体内的溶液，皆须是接近于生理状态的液体。常用的生理溶液有：

生理盐水（normal saline）：0.9% NaCl为哺乳动物的生理盐水；0.65% NaCl为两栖类动物组织和细胞的生理盐水。

任氏液（Ring's solution）：又称林格液，适用于两栖类动物实验。

乐氏液（Lock's solution）：适用于哺乳类动物实验，特别是心肌、子宫平滑肌标本等。

台氏液（Tyrode's solution）：又称蒂罗德液，亦适用于哺乳类动物的组织，特别是小肠。

（一）常用生理溶液的成分与含量

常用生理溶液的成分与含量见表1-1。

表1-1　常用生理溶液的成分与含量

药品名称	任氏液 用于两栖类	乐氏液 用于哺乳类	台氏液 用于哺乳类（小肠）	生理盐水	
				两栖类	哺乳类
氯化钠（NaCl）	6.5g	9.0g	8.0g	6.5g	9.0g
氯化钾（KCl）	0.14g	0.42g	0.2g	—	—
氯化钙（$CaCl_2$）	0.12g	0.24g	0.2g	—	—
碳酸氢钠（$NaHCO_3$）	0.20g	0.1～0.3g	1.0g	—	—
磷酸二氢钠（NaH_2PO_4）	0.01g	—	0.05g	—	—

续表

药品名称	任氏液 用于两栖类	乐氏液 用于哺乳类	台氏液 用于哺乳类（小肠）	生理盐水	
				两栖类	哺乳类
氯化镁（$MgCl_2$）	—	—	0.1g	—	—
葡萄糖	2.0g（可不加）	1.0g	1.0g	—	—
蒸馏水	加至 1000ml	加至 1000ml	加至 1000ml	加至 1000ml	加至 1000ml

（二）配制生理溶液的方法

生理溶液不宜久置，一般在使用时临时配制。事先可将各成分分别配成一定浓度的基础溶液，到用时按所需要量抽取基础溶液于容量瓶中，加蒸馏水到定量刻度即可。用基础溶液配制生理溶液的方法见表 1-2。

表 1-2 用基础溶液配制生理溶液的方法

成分	基础溶液浓度（%）	任氏液	乐氏液	台氏液
氯化钠（NaCl）	20	32.5ml	45.0ml	40.0ml
氯化钾（KCl）	10	1.4ml	4.2ml	2.0ml
氯化钙（$CaCl_2$）	10	1.2ml	2.4ml	2.0ml
磷酸二氢钠（NaH_2PO_4）	1	1.0ml	—	5.0ml
氯化镁（$MgCl_2$）	5	—	—	2.0ml
碳酸氢钠（$NaHCO_3$）	5	4.0ml	2.0ml	20.0ml
葡萄糖		2.0g（可不加）	1.0～2.5 g	1.0g
加蒸馏水至		1000ml	1000ml	1000ml

（三）生理溶液配制的注意事项

配制生理溶液时要注意各种离子的相互作用。一般应在实验前配制，不宜久放，以免发生污染或某些成分发生化学变化而影响实验结果，或先配基础溶液备用。在配制各种生理溶液时应注意以下几点。

1. 由于生理溶液中的磷酸根和碳酸根负离子易与钙离子发生反应，生成不溶性的白色磷酸钙或碳酸钙沉淀，因此在配制生理溶液时，应先将其他离子原液混合并加入蒸馏水，最后再将溶解的氯化钙溶液一边搅拌一边缓缓加入，以防钙盐沉淀生成。

2. 葡萄糖应在临用时加入，加入葡萄糖的生理溶液不能久置，以免发生细菌污染出现混浊。

3. 生理溶液在高温时，因离子相互作用可能出现沉淀，如需加温时，温度一般不宜超过 50～60°C，以免发生沉淀。

4. 配制生理溶液的蒸馏水应当新鲜，pH 在 7.2～7.8。

二、常用实验手术器械介绍

（一）蛙类动物手术器械

1. 剪刀　普通剪刀用于剪断蛙或蟾蜍的脊柱或四肢骨骼；组织剪用于剪断皮肤和肌肉等组织；眼科剪用于剪断血管、神经和心包膜等细软组织。

2. 镊子　中号镊子用于夹捏组织和牵提切口处的皮肤；眼科镊有直、弯两种，用于夹捏和分离血管、神经等细软组织。

3. 刺蛙针　用于破坏蛙或蟾蜍的脑和脊髓。

4. 玻璃分针　用于分离血管和神经等组织。

5. 锌铜弓　用于对蛙或蟾蜍的神经肌肉标本施加刺激，以检查其兴奋性。

6. 蛙心夹　用于对蛙或蟾蜍心脏舒缩活动的描记，使用时一端夹住心尖部，另一端用丝线连于张力换能器的应变梁上，即可记录蛙或蟾蜍心的收缩活动。

7. 蛙板　木质蛙板用于固定蛙或蟾蜍，使用时用蛙足钉将蛙前后足钉在木质蛙板上，以便进行实验操作。玻璃蛙板为一与木质蛙板大小相同的玻璃，用于蛙离体组织器官的制备，如坐骨神经-腓肠肌标本制备等，使用时把玻璃蛙板放在木质蛙板上，然后将分离的蛙或蟾蜍游离的后肢等放在此清洁并用任氏液浸湿的玻璃蛙板上进行操作，以减轻对标本的损伤。

（二）哺乳类动物手术器械

1. 手术刀　用于切开皮肤和脏器，握持方法如图 1-14 所示。

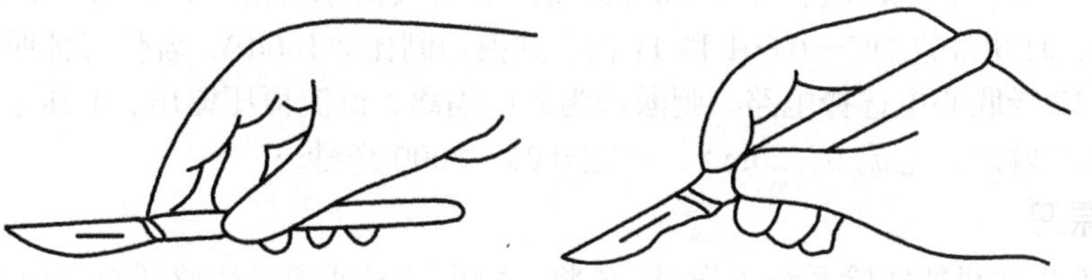

图 1-14　手术刀的握持方法

A. 手术持刀法；B. 解剖持刀法

2. 手术剪　弯手术剪用于剪毛；直手术剪用于剪开皮肤、皮下组织、筋膜和肌肉等；眼科剪用于剪断神经，剪破血管、输尿管等（图 1-15）。

3. 镊子　常用中号镊子，有齿镊用于牵拉切口处的皮肤或坚韧的筋膜，无齿镊用于夹捏较大或较厚的组织和牵拉切口处的皮肤；眼科镊和钟表镊子用于镊夹血管、神经等细软组织（图 1-16）。

4. 止血钳　有直、弯和中、小号之分，除用于夹住出血点止血外，无齿的止血钳还可用于分离皮下组织和肌肉（图 1-17），有齿的止血钳用于提起切口处的皮肤。蚊式止血钳较细小，适于分离小血管及神经周围的结缔组织。

5. 咬骨钳　用于打开颅腔和骨髓腔时咬切骨质。

6. 颅骨钻　用于开颅钻孔。

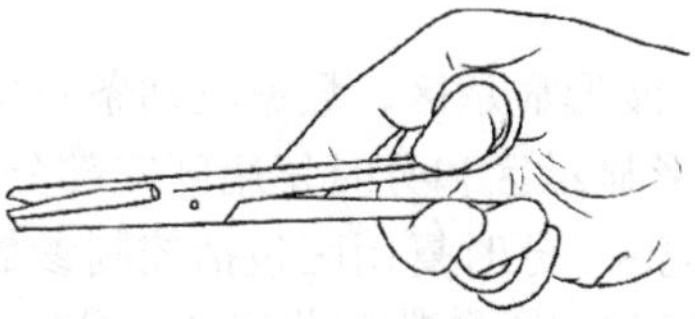

图 1-15　手术剪的握持方法

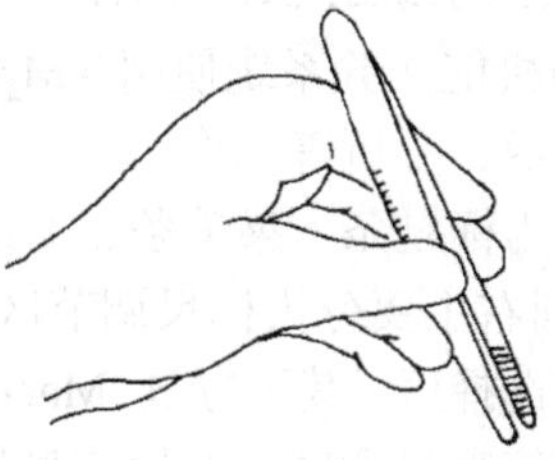

图 1-16　镊子的握持方法

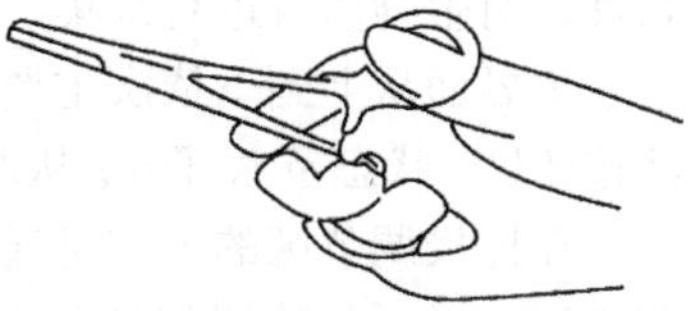

图 1-17　止血钳的握持方法

7. 气管插管　为“Y”形管，急性动物实验时将此管插入气管，以保持呼吸道通畅。

8. 动脉夹　用于夹闭动脉，暂时阻断动脉血流。

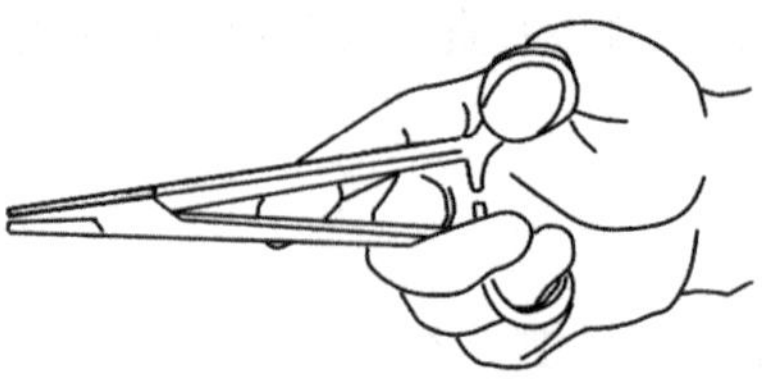

图 1-18 持针器的握持方法

9. 塑料插管 用粗细不同的塑料管制成，分别作动脉、静脉和输尿管插管之用。

10. 三通管 可按实验需要改变液体流通量的方向，以便于静脉给药、输液和描记动脉血压。

11. 其他 如持针器（图 1-18）、缝线、缝针、注射器和针头等，也是常用物品。

三、BL-420F 生物机能实验系统介绍

（一）BL-420F 生物机能实验系统概述

BL-420F 生物机能实验系统是以计算机为基础的 4 通道生物信号采集分析系统，该系统主要用于记录生物体内或离体器官中的生物电信号以及张力、压力、呼吸等生物非电信号的波形，从而分析生物机体在不同实验条件下所发生的机能变化。该实验系统完全替代了传统的生理实验设备，包括：生物电前置放大器、示波器、记录仪、刺激器、监听器及其他信号处理器等。

BL-420F 生物机能实验系统放大器有 4 个通道，为 USB 接口，采样率 0.01Hz～1000kHz，A/D 转换精度 16 位，电压增益 2～100 000 倍，5 阶贝塞尔滤波器，低通（高频）滤波 1～30kHz 15 档，时间常数 DC～0.001 秒 11 档，共模抑制比＞100dB，含信号监听和记滴功能，第 1 通道有 12 导联心电选择电路。刺激器为光电隔离、恒流恒压输出，电压幅度 0～100V，电压步长 5mV 输出，电流 0～20mA，波宽 0.05～2000 毫秒。

（二）原理

BL-420F 生物机能实验系统工作时，先将生物电信号或通过传感器将生物非电信号转换为电信号后进行放大、滤波等处理，然后对处理的信号通过模数转换，将数字化后的信号传输到计算机，再通过实验系统软件将收集到的信号进行实时处理。实验系统软件还可以接受指令发出刺激信号，作用于实验动物或标本（图 1-19）。

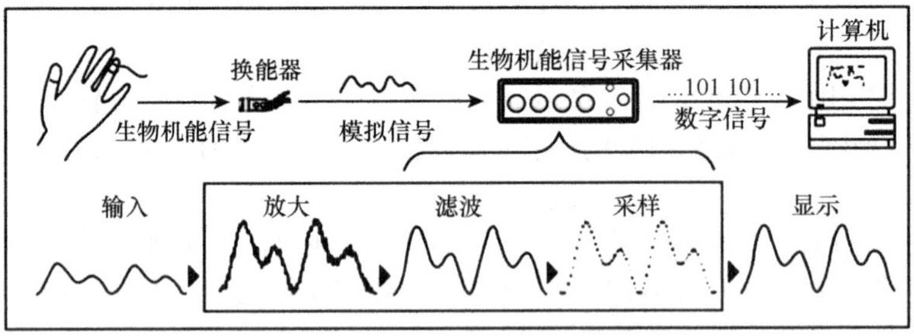

图 1-19 生物电信号转换原理图

（三）BL-420F 生物机能实验系统的软件使用

1. 仪器界面 BL-420F 生物机能实验系统使用 TM_WAVE 分析软件（图 1-20），通过该软件，对生物信号进行采集、显示、分析等工作。

主界面从上到下依次主要分为标题条、菜单条、工具条、波形显示区、数据滚动条及反演按钮区、状态条六部分；从左到右主要分为标尺调节区、波形显示区和分时复用区三部分。

在标尺调节区的上方是通道选择区，其下方是 Mark 标记区。分时复用区包括控制参数调节区、显示参数调节区、通用信息显示区、专用信息显示区和刺激参数调节区 5 个分区，它们分时占用屏幕右边相同的一块显示区域，可以通过分时复用区底部的 5 个切换按钮进行切换。

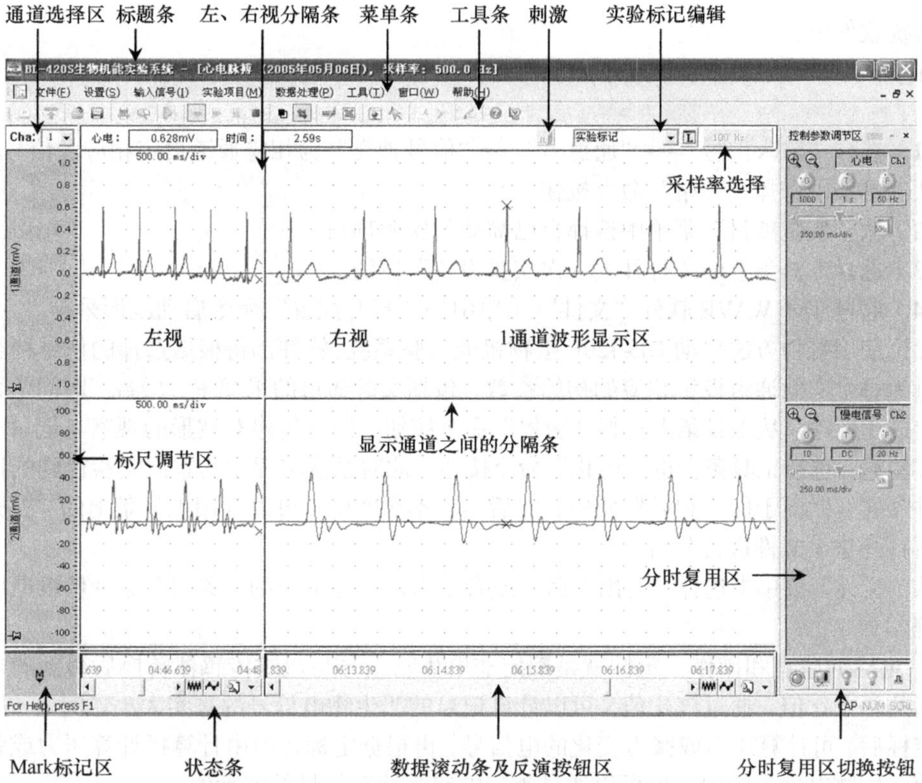

图 1-20　TM_WAVE 生物信号显示与处理软件主界面

生物信号波形显示区是 TM_WAVE 软件主界面中最重要的组成部分，实验人员观察到的所有生物信号波形及处理后的结果波形均显示在波形显示窗口中。BL-420F 生物机能实验系统是 4 通道的生物机能实验系统，即可以同时观察 4 个通道的生物信号波形，则对应于每个实验通道必须有一个波形显示通道，所以在 TM_WAVE 软件处于初始状态时屏幕上共有 4 个波形显示窗口。除了与采样通道对应的显示通道之外，TM_WAVE 软件还可以设置 8～16 个分析通道，即在屏幕上最多可显示的通道数为 16。实验时用户可以根据自己的需要在屏幕上显示 1～16 个波形显示窗口，也可以通过波形显示窗口之间的分隔条调节各个波形显示窗口的高度，但由于 4 个波形显示通道的面积之和始终相等，所以当把其中一个显示窗口的高度调高时，必然会导致其他显示窗口的高度降低。需还原时在任一显示窗口上双击鼠标左键即可。

硬件参数调节区位于显示窗口的右端，属于分时复用区的第一个界面，您可以根据需要调节硬件的参数。

（1）增益调节旋钮（G）：用于调节通道电压增益（放大倍数）挡位。在增益调节旋钮上单击鼠标左健将增大一挡该通道的增益，而单击鼠标右键则减小一挡该通道的增益。

（2）时间常数调节旋钮（T）：用于调节时间常数的挡位。在时间常数调节旋钮上单击鼠标左键将减小一挡该通道的时间常数，而单击鼠标右键则增大一挡该通道的时间常数。

（3）滤波调节旋钮（F）：用于调节低通滤波（高频滤波）的挡位。

（4）扫描速度调节器（绿色游标）：分别改变各通道波形的扫描速度。

（5）50Hz 滤波按钮：用于启动和关闭 50Hz 抑制功能。

2. 开始、暂停、结束实验　双击桌面上的 BL-420F 生物机能实验系统软件图标可以进入到系统软件中。

在 BL-420F 生物信号采集分析系统软件中包含 4 种启动生物机能实验的方法，它们分别是：

（1）选择“输入信号”→“通道号”→“信号种类”为相应通道设定相应的信号种类，然后从工具条中选择“开始”命令按钮。

（2）从“实验项目”菜单中选择自己需要的实验项目。

（3）选择工具条上的“打开上一次实验设置”按钮。

（4）通过 TM_WAVE 软件“文件”菜单中的“打开配置”命令启动波形采样。

无论使用哪种方法启动 BL-420F 生物机能实验系统，软件都将根据选择的信号种类或实验项目为每个实验通道设置相应的初始参数，包括实验通道的采样率、增益、时间常数、滤波、扫描速度等。从工具条上选择“暂停”命令按钮，即可暂停对波形的观察与记录。完成本次实验后，选择工具条上的“停止”命令按钮，此时系统将提示为本次实验得到的记录数据文件命名，以便于保存和后期使用，然后结束本次实验。可以利用工具条上的“打开”按钮重新打开这个文件进行分析。

从“文件”菜单中选择“退出”命令或者单击窗口左上角的“关闭”命令可以退出该软件系统。

3. 定标的原理和操作　定标就是确定非电生物信号与通过传感器转换后得到的电压信号之间的一个比值，通过该比值，可以计算记录的非生物电信号的真实大小。例如，压力或张力定标后，可计算压力或张力变化的电信号，再根据定标比值由计算机计算压力或张力的实际值。生物电信号的记录也可以通过类似的定标计算信号的实际值。

选择“设置”菜单中的“定标”命令，根据弹出的定标对话框完成定标操作。

4. 刺激器的使用　用软件右端底部的分时复用区切换按钮选择刺激参数调节区，然后按照要求选择刺激参数。

刺激参数区由上至下分为三部分，包括基本信息、程控信息和波形编辑。选择相应参数对刺激器进行设置，然后按下“启动刺激按钮”启动刺激功能。

5. 数据分析与测量　选择“数据处理”菜单，会弹出数据处理和测量的命令，包括积分、微分、频率直方图、频谱分析……

6. 添加、编辑特殊标记　该命令用于在波形的指定位置添加或编辑一个特殊实验标记。在某一个实验通道的空白处（这里所指的空白处是指与其他特殊实验标记相隔一定距离的地方）单击鼠标右键，将弹出“特殊标记编辑”对话框。在这个对话框的编辑框中输入新添加的特殊实验标记内容，然后按下“确定”按钮，该特殊实验标记将添加在单击鼠标右键的地方。需要注意的是，添加的特殊实验标记不能超过 30 个汉字。添加的内容将被存盘。需要修改特殊标记时，可在已标记的特殊实验标记上单击鼠标右键，重复上述操作修改原有的特殊实验标记内容。

7. 图形剪辑　是指将从通道显示窗口中选择的一段波形连同从这段波形中测出的数据一起以图形的方式发送到 Windows 操作系统的一个公共数据区内，之后可以将这块图形粘贴到 BL-420F 生物机能实验系统软件的剪辑窗口中或任何可以显示图形的 Windows 应用软件如 Word、Excel 等中，方法是选择这些软件“编辑”菜单中的“粘贴”命令即可。图形剪辑有两个目的：一是实现不同软件之间的数据共享，例如，正在利用 Word 文字处理软件将实验结果写成一篇论文，现在只需要将典型的实验波形加入到论文中，再使用 BL-420F 生物机能实验系统中的图形剪辑功能即可实现。二是将感兴趣的多幅波形图剪辑在一起，形成一张拼接图形（可以在 BL-420F 生物机能实验系统软件的剪辑窗口中或 Windows 的画图软件中完成图形的拼接工作），然后打印。

图形剪辑的操作步骤：

（1）在实时实验过程或数据反演中，按下“暂停”按钮使实验处于暂停状态，此时工具条上的“图形剪辑”按钮处于激活状态，按下该按钮将使系统处于图形剪辑状态。

（2）拖住鼠标左键对感兴趣的一段波形进行区域选择，可以只选择一个通道的图形或同时选择多个通道的图形。

（3）进行了区域选择之后，便出现了图形剪辑窗口，之前选择的图形将自动粘贴进入到图形剪辑窗口中。

（4）选择图形剪辑窗口右边工具条上的“退出”按钮退出图形剪辑窗口。

（5）重复步骤 1、2、3、4 剪辑其他波形段的图形，然后拼接成一幅整体图形，此时您可以打印或存盘，也可把这张整体图形复制到其他应用程序，如 Word、Excel 中。

8. 其他功能　BL-420F 生物机能实验系统软件能实现实验报告的打印，与其他系统（Excel、Word 等）的数据交换，自定义实验模块等。BL-420F 生物机能实验系统还具有动态心率的准确分析，心功能参数测量，血流动力学分析，血压分析，无创血压分析以及群体峰电位（population spike，PS）等专用数据的分析功能。

四、BI-2000 图像处理系统的功能介绍

（一）基本结构与功能

1. 基本结构　显微镜，冷、热调节光源，370（Sony）线彩色摄像头，美国 MAROL 图像转换器，MAROL 图像捕获卡，图像处理与分析卡，显示卡，图像分析处理软件包，计算机和喷墨打印机等。

2. 功能　BI-2000 图像处理系统的基本功能主要有以下两种。

（1）动态图像分析：如微循环观察分析、小鼠水迷宫行为学分析和细胞分裂过程的动态分析等。

（2）静态图像分析：包括组织切片细胞计数和免疫组织化学的形态学分析。

（二）BI-2000 图像处理系统基本操作步骤

1. 系统硬件安装与检查

（1）微循环显微镜与摄像头的安装：小心取出微循环显微镜，轻放在平稳的工作台面上。按显微镜常规安装步骤，装配架台，装好物镜、目镜和光源系统。安装摄像接口，取出摄像头，移去摄像头护盖，将摄像头轻轻插入接口套筒内固定。连接摄像头电源，必须使用摄像头专用电源，以免烧毁摄像头。禁止碰触目镜、物镜和摄像头靶面，以免影响正常摄取图像。

（2）其他安装：通过信号转换器的复合视频信号线连接，作拾取信号传输。选择一根适当长度的复合视频信号线，将一端（黄色）接头插入视频卡的 VIDEO IN 口中，将另一端接口插入摄像头的 AV OUT 口中；也可使用 S 端子作视频信号传输，即用 S 端子一端接头插入视频卡的 S-VIDEO IN 插口中，另一端与电视机的 S-VIDEO OUT 插口相连。

（3）使用前检查：确认摄像头电源是否良好，电源指示灯亮；各接口模式选择是否正确；摄像头接口是否稳定牢固。

（4）如果一切检查无误，方可连接计算机电源：开机进入 Windows 系统，进行下一步图像分析仪系统软件安装。

2. 软件安装

（1）在断电状态，把软件加密狗插入机箱后面的并口槽上固定；如果并口上连有打印机，应先取下并口接头，在安装好的加密狗上并接打印机。

（2）打开计算机，进入 Windows 系统。

（3）用鼠标点击“开始”菜单，然后选择“运行”命令，在运行对话框中输入 A：\SETUP.EXE，单击“确定”。

（4）在安装过程中计算机会自动设置系统运行环境，修改配置。安装完成后，单击“完成”，再进行快捷键设置。

3. 使用操作

（1）在 Windows 操作系统环境下，可按以下步骤之一启动图像分析仪软件。①常规方式：开机进入 Windows 中文操作系统，单击“开始”按钮，在开始菜单中选择“程序”选项，在“程序”菜单中，选择“泰盟医学图像分析仪”命令选项；②快捷方式：开机进入 Windows 中文操作系统，在桌面上，直接用鼠标双击选择“泰盟医学图像分析仪”图标。程序运行后，出现应用程序主控制界面。

（2）整体界面：该系统整个软件界面由程序标题栏、菜单栏、工具栏、工作区和状态栏五部分组成。

（3）在菜单栏单击“微循环测量”，约 3 秒后，自动弹出“微循环测量”工作界面。

（4）定标，当图像工作区出现白点噪声信号时，表明整机系统处于正常工作状态。将显微标尺置于显微镜目镜下，拉开摄像接口信号转向栓通向监视器；调节显微镜焦点为最佳状态，点击“标定”，先后弹出“*X* 轴—定标”“*Y* 轴—定标”，分别输入“10mm”，然后“确定”，定标完成（若不删除“标定”，计算机默认保存）。

（5）点击“实验标题”，选择/输入实验题目如“休克”，在工作区左下角自动弹出“实验前”“流态”选择框及“数据功能选择框”。

（6）在图像工作区下面的“数据功能选择框”，顺序点击“输入口径”，光标自动进入图像工作区，可通过鼠标操作，并视血流流动方向，用“红色”线条测量毛细血管管径，按“ENTER”确定；点击“输出口径”，用同样方法可测量出口径大小；点击“血管长度”“交叉点”“管绊长度”“管绊数”用同样方法可测量出血管长度、节点数、绊长度、管绊数；然后点击“血流流速”，此时光标自动进入图像工作区，并有一红色光点闪烁，用鼠标点击“速度调节框”并按住鼠标左键直至红色光点飞动速度与所测量血管血流速度同步时，放松鼠标左键，按“ENTER”确定即可得出指定区段毛细血管的血流速度。

（7）最后点击“流态”框，弹出流态选择指标：线流、线粒流、粒线流、粒流、摆流或停止，若有白细胞渗出即可选择，视实时流态状况选定。所有被测量数据自动暂存于内存中。

（8）上述为一次实验前的图像数据指标拾取过程。根据实验设计步骤和过程，只需选定每一个过程标题后，重复第 6 项和第 7 项操作即可得到所需指标数据。

（9）实验结果打印：点击工作区右边“打印”功能按钮，可按实验报告格式打印出实验结果；在右下角有一文字输入区可供结果讨论文字编辑，形成完整实验结果报告。

（10）数据处理，应用“Excel”功能，可进行实验结果分析处理和统计图表的绘制。

五、常用换能器

换能器又称传感器，是将人体及动物机体各系统、器官、组织直至细胞水平及分析水平的生理功能或病理变化所产生的如血压、血流量、呼吸流量、脉搏、体温、生物电、渗透压、血气含量等非电生理信号转换为电学量的实验装置。各种非电生理信号的测量，一般须先将其转换成电信号的形式，才便于系统的测量、显示和记录。因此，换能器在各种生理信号的测量中有着重要的作用。换能器的种类很多，原理、性能各不相同，机能学实验中最常用的换能器是把机械能转换成电能的机-电换能器。在实际工作中常根据实验的目的和用途的不同，选用合适的换能器。

下面介绍几种在教学、科研实验中常用的换能器。

（一）压力换能器

压力换能器是机能实验中最常用的一种换能器，主要用于测量动物的动脉和静脉血压，还可用于胸膜腔负压的测量等。

1. 使用方法

（1）将换能器与放大器相连，并固定在铁支架上。

（2）将动脉插管与换能器相连，并用盛满肝素生理盐水的注射器（容量不少于 10ml）通过三通将换能器腔内和动脉插管内的空气完全排出。

（3）调零，定标。

2. 注意事项

（1）确保换能器腔内和动脉插管内没有气泡。

（2）当换能器不用时，确保换能器腔与大气相通。

（3）固定动脉插管时，结扎要适度，以免将动脉插管压瘪，影响实验结果。

（4）避免撞击换能器，以免损坏换能器。

（二）张力换能器

张力换能器主要用于测量肌肉张力、呼吸等生理信号。根据量程不同分为 0～10g、0～30g、0～50g、0～100g 等几种型号。

1. 使用方法

（1）将换能器与放大器相连，并固定在铁支架台上。

（2）将换能器与被测对象相连，并使连接线保持适当的张力。

（3）调零，定标。

2. 注意事项

（1）换能器与被测对象相连时禁用暴力，前负荷要适度，以免损坏换能器。

（2）防止液体进入换能器内和避免碰撞。

（3）根据实验要求选用适当量程的换能器，以免过负荷而损坏换能器。

（三）呼吸流量换能器

呼吸流量换能器由呼吸流量头和差压换能器组成。主要用于测量动物的呼吸、呼吸流量。量程有（0～±5）kPa 和（0～±10）kPa 两种。

注意事项：根据不同的实验动物选用不同量程的换能器。

（四）指脉传感器

指脉传感器属于压力传感器，是一种小型带压脉带的压电式脉搏换能器，可测量脉搏、血压、科罗特夫音或小动物的呼吸活动。该换能器是无源换能器，使用时将换能器绕在手指上即可，安全、方便、无创伤。

（五）心音换能器

心音换能器主要用于测量心音、心尖后搏动等生物信号。

（六）温度传感器

温度传感器主要用于测量动物的体内和体表温度。

（七）胃肠运动换能器

胃肠运动换能器主要用于测量胃肠蠕动收缩活动，测量环行肌活动时，将换能器平放在胃的环行肌上，与纵行肌垂直，测量十二指肠等方法同胃。

（八）握力换能器

握力换能器主要用于康复测试及运动员训练测试等。测量范围有0～600N、0～800N、0～1000N三种类型。

六、神经标本屏蔽盒

图 1-21 神经标本屏蔽盒

机能实验学中，在研究神经干生物电及肌肉收缩活动时，常用神经标本屏蔽盒作为生物电的引导装置，可用于肌肉收缩、神经干动作电位引导及骨骼肌兴奋收缩耦联等方面的实验。下面对它的使用方法作简要介绍。

1. 结构　神经标本屏蔽盒由金属屏蔽盒、电极滑动槽、肌肉固定槽、换向滑轮和电极五部分组成（图 1-21）。金属屏蔽盒起静电屏蔽作用，能屏蔽高频噪声信号的干扰；电极滑动槽用于固定电极位置和通过滑动调节电极间的距离；肌肉固定槽用于固定腓肠肌标本；换向滑轮经过换向使换能器与腓肠肌相连；电极则由一对刺激电极、两对引导电极和一根接地电极构成。引导电极常由电阻较小的金属丝制成，如铂金丝、银丝等。

2. 使用方法　在做神经干动作电位引导等实验时，首先将刺激器输出连线连接在屏蔽盒上刺激电极的两接线柱上，将放大器输入连线连接在第一引导电极的两接线柱上。在进行神经兴奋传导速度测定实验时，需要将另一个放大器输入连线连接在第二引导电极的两接线柱上。然后把制备好的神经标本搭在电极上，并通过电极滑动槽的滑动，调整引导电极间的距离以及与接地电极、刺激电极间的距离，以调整到图形满意为止。一般来说，调整引导电极间的距离将会影响动作电位的波形；调整接地电极与刺激电极间的距离可以影响刺激伪迹的大小。

在做肌肉收缩、骨骼肌兴奋收缩耦联方面实验时，将坐骨神经-腓肠肌标本上的股骨插入肌肉固定槽内固定；结扎腓肠肌的丝线通过换向滑轮与换能器连接；坐骨神经放置在银丝上，使其接触良好；根据实验需要连接电极，即可实验。

3. 注意事项

（1）实验前用任氏液棉球轻轻拭擦引导电极，去除表面氧化物。

（2）在干燥的地方，屏蔽盒内置一块湿纱布，以保持盒内湿度。

七、恒温平滑肌实验系统

HW200S/HW201S恒温平滑肌实验系统主要用于平滑肌、离体肠管等机能实验，调节和维持实验环境（如实验药液）温度，从而保证离体平滑肌的生理活性，使相关实验顺利进行（图 1-22）。该设备为观察到明显的实验现象和得到准确的实验数据提供了有力保障。

1. 恒温平滑肌实验系统主机正面按钮及使用说明

电源指示灯：连通电源后，电源指示灯会亮，仪器即可开始工作。

加热指示灯：指示灯提示系统正在进行水浴加热。

干烧指示灯：指示灯提示系统正处于干烧状态，同时会有蜂鸣音提示使用者。

当前温度值：显示为水浴缸中的当前温度，温度显示精度为0.1℃。

设定温度值：显示为系统设定的温度值，温度显示精度为0.1℃，开始时系统的默认温度设定为 37℃。

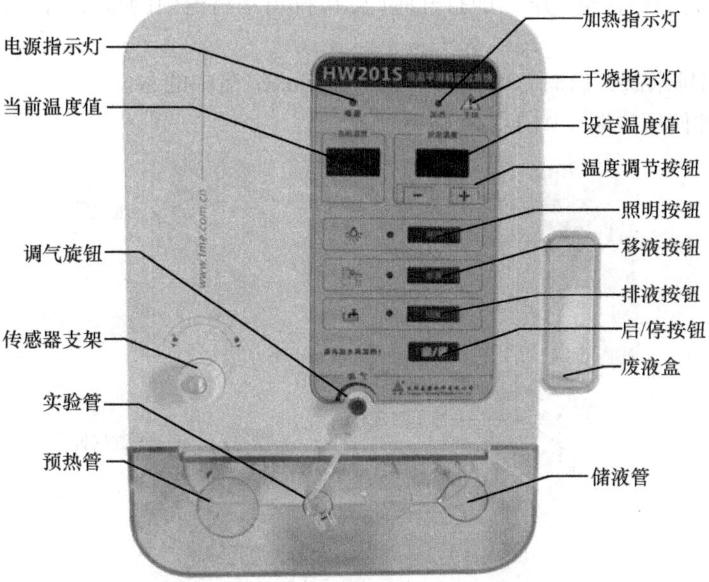

图 1-22 恒温平滑肌实验系统正面图

温度调节按钮：按下“+”或者“–”，设定温度会向上或向下调节 0.1℃，如果长按“+”或者“–”按钮，系统会加快调节速度。

照明按钮：可控制位于实验管旁边的照明灯，方便实验者观察标本。

移液按钮：按下“移液”按钮不放，可将预热管中液体单向移动至实验管中，当液体达到 10ml 刻度时，松开“移液”按钮，系统停止移动液体。

排液按钮：按下“排液”按钮，系统将实验管中的废弃营养液移动至储液盒中，当排尽所有的废弃液后，再次按下“排液”按钮，系统停止排液。系统默认为 22 秒排液终止。

启/停按钮：按下“启/停”按钮，系统自动对水浴池中的液体进行加热。

调气旋钮：调节实验管中的进气速度，顺时针为调小，逆时针为调大。

废液盒：收集实验管内排出的废弃营养液。

储液管：实验中可增加预热药液的量，也可预热单独预热药物或者其他营养液，避免污染预热管。

实验管：标本通过挂钩组件固定在实验管中，水浴和进气管保证恒温富氧的环境，实验管上标有容积刻度，可控制滴入药物浓度。废弃的营养液可通过排液按钮移至废液盒中。

传感器支架：用于固定张力换能器，可升降式收纳，便于放置和运输。

2. 恒温平滑肌实验系统主机侧面——排水、进气口使用说明（图 1-23）

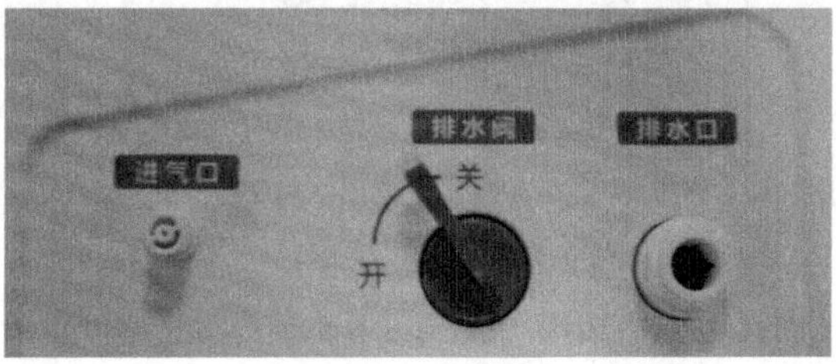

图 1-23 恒温平滑肌实验系统侧面图

进气口：可外接氧气，恒温平滑肌实验系统内压力最大可达到 0.5MPa。

排水阀：将阀门旋转至“开”，即打开阀门，可排出水浴池中的液体。将阀门旋转至“关”，即关闭阀门。

排水口：当排水阀开启时，可通过排水口排出水浴池中的水。

3. 挂钩组件使用说明（图 1-24）

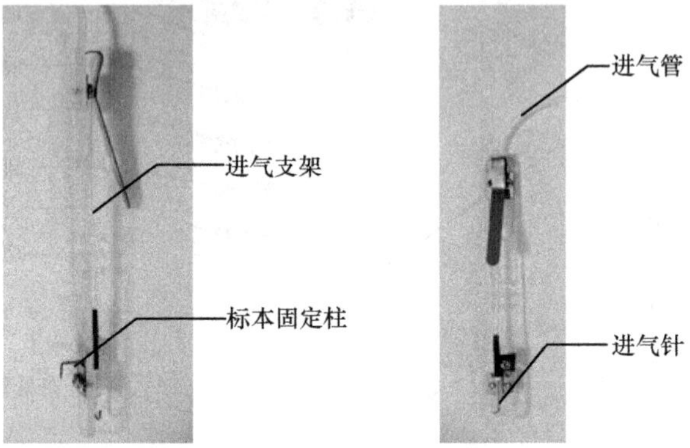

图 1-24　挂钩组件示意图

进气支架：用于固定实验标本，可通过背后的夹片固定在实验管中。

标本固定柱：标本一端固定在标本固定柱上。

进气管：与调气旋钮旁的阀门相连接，组成完整气路。

进气针：气体通过进气针进入实验管。

八、HX-101E 小动物呼吸机

HX-101E 小动物呼吸机的基本原理：采用定容型正式呼吸，以气泵为动力，由驱动电路控制，有节律地输出气流，经吸气管进入动物肺内，使肺扩张以达到气体交换的目的。与人用呼吸机类似，该动物呼吸机可以给出不超出肺部压力的正确的潮气量。适用于小鼠、大鼠、家兔等小型实验动物（图 1-25）。

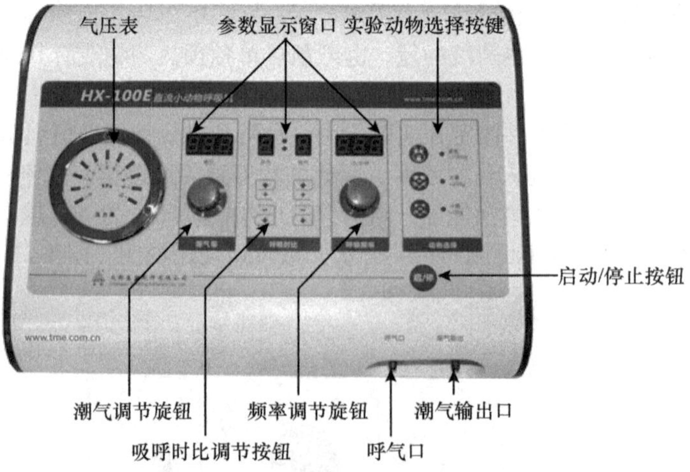

图 1-25　HX-101E 小动物呼吸机前面板格局分布图

（一）HX-101E 动物呼吸机前面板功能介绍

呼气口：控制动物的呼气动作。

潮气输出口：呼吸机的潮气由该口输出，进入动物肺部。

潮气调节旋钮：调节“潮气量”，顺时针旋转为增大潮气量，逆时针旋转为减少潮气量。

吸呼时比调节按钮：按“吸”或“呼”按钮改变对应吸呼时比值。

频率调节旋钮：调节“呼吸频率”，调节方法同“潮气量”调节。

启动/停止按钮：在“启动”或“停止”状态之间进行切换。

实验动物选择按键：提供动物（标示体重）参考实验参数。

参数显示窗口：实时显示设定的各项工作参数（8 个高亮显示的数码管）。

气压表：显示动物的呼气压力。

（二）操作流程

1. 系统初始化　呼吸机开机后，系统将进行初始化操作，这个过程大约持续 2 秒。

在系统初始化的起始时期，系统将进行自检操作，此时参数显示窗口中的 8 个数码管全亮，显示数字“0”，系统自检完成后，数码管将显示上次试验设置的值（若系统自检有错时将直接显示大鼠的参数值）。然后，可以根据需要改变呼吸机的工作参数，也可以根据实验动物选择参考按键，然后直接按启动/停止按钮开始使用呼吸机进行实验。

2. 仪器准备

（1）准备：主机平置，接上电源，然后将两根橡胶管分别接入潮气输出口和呼气口。

（2）调节：首先根据实验动物选择参考按键，仪器自动显示实验动物的参考实验参数（包括参考实验动物所需的潮气量、呼吸频率、呼吸时比），确认后按启动/停止按钮即可开始实验；也可根据实际情况自行调节修正各项参数，步骤如下。

潮气量调节：用数字旋转编码器将潮气量、呼吸频率调整到所需位置。每旋转 1 格，数字增大或减小 0.1/1，此为微调操作。如果需要大范围粗调，可以用手轻轻向内按下旋钮同时旋转，此时每旋转 1 格，数字将在微调精度的基础上以 10 倍量扩增或递减。

注：在动物选择参数为小鼠呼吸模式下，潮气量调节能精确到 0.1ml，在其他动物呼吸模式下，潮气量调节精确到 1ml。

吸呼时比调节：通过数字按键将吸呼时比量调整到所需比率。

管路连接：将已连接呼吸机的两根橡胶管连接三通，三通的另一头连接一根较短的气管插管连接管，气管插管连接管与动物气管插管连通。

提示：为防止参数设置中的误操作对实验动物产生伤害，本产品特作了以下保护处理：

1）参数调节时仪器自动暂停运行，调节完毕后自动启动。

2）每次选择实验动物后，仪器会自动停止，需人工启动。

3）潮气量和呼吸频率的设置范围由选定动物决定，若超出选定实验动物能承受的参数，仪器将自动停止运行，参数显示出现闪烁以提示错误。

3. 实验流程

（1）动物准备：将待测实验动物麻醉后，固定。备皮，在颈部做切口，分离出气管。

（2）气管插管：用手术剪在气管上做一倒“T”形开口，将气管插管通过倒“T”形开口插入动物气管（注：倒“T”形开口要尽量靠近头部，预留出足够长的插管空间；插管时，避免插入过深，防止损害动物气管及肺部）。

（3）确认实验参数：按启动键即开始作机控呼吸。当动物进行机控呼吸时，应及时注意观察所选的参数对动物是否适用，一般情况下，主要是观察潮气量和呼吸频率的选择是否恰当，如觉不适，应及时修正。

附：动物参数调节范围

呼吸机带有动物选择参考按键，包括家兔、大鼠、小鼠 3 种动物（标示体重）的呼吸参数，主要用于提供实验动物的参考实验参数。可在此基础上进行一定范围内的参数调节，每种动物的参数调节范围见表 1-3。

表 1-3　小鼠、大鼠和家兔的呼吸参数调节范围

动物选择	潮气量（ml）	呼吸时比	呼吸频率（次/分）
小鼠	0.1～20	1∶5～5∶1	80～200
大鼠	5～50	1∶5～5∶1	50～200
家兔	20～99.9	1∶5～5∶1	20～60

注：当按下动物选择按键时，仪器出现的参考参数一般为标示体重下该动物的实验参数，由于动物存在个体差异如体重不同等因素，实验时应注意根据动物状态进行小范围参数调整。

附：各参数具体调节方法

潮气量调节：通过调节潮气调节旋钮来改变潮气量大小，顺时针旋转旋钮为增大潮气量，逆时针旋转旋钮为减小潮气量。

吸呼时比调节：按下吸呼时比下面相应的按钮即可单独对吸呼比例进行调节，每按下一次相应按钮，其值增加 1，吸和呼的可调范围均为 1～5，当某个数值增加到 5 后，再按下相应按钮其值则变回 1，如此周而复始。所以，吸呼比可以设定为 1～5 的任意比例关系。例如，要想将吸呼比设置为 1.25∶1，即 5∶4，则将吸的值设为 5，呼的值设为 4，即吸呼比为 1.25∶1。

呼吸频率调节：调节方法与潮气量调节方法相同，参见上面的潮气量调节说明。

启动/停止调节：启动/停止按钮在系统“启动”或“停止”状态之间进行切换。系统可在工作过程中随时改变其工作参数，调节工作参数时系统将暂停运行（调节潮气量除外），当调节好工作参数后，按启动/停止按钮系统将按照新设置的参数工作。

第二章　生理学实验

实验一　不同刺激强度和频率对骨骼肌收缩活动的影响

【实验目的】

（1）观察不同强度的电刺激对骨骼肌收缩张力的影响，理解阈刺激、阈上刺激和最大刺激等概念。

（2）观察不同频率的电刺激对骨骼肌收缩形式的影响，分析骨骼肌产生不完全强直收缩与完全强直收缩的基本条件。

【实验原理】　蛙类动物的一些基本生命活动和生理功能与哺乳动物相似，但其离体组织活动要求的条件比较低，易于控制和掌握。在任氏液的浸润下，蛙的神经-肌肉标本可进行较长时间的观察；此外，其体外神经-骨骼肌标本体现活组织的某些共同功能特性较为理想。因此，在生理实验中，常用蛙或蟾蜍的坐骨神经-腓肠肌标本观察神经、肌肉的兴奋性及肌肉收缩的特点。制备具有正常兴奋收缩功能的坐骨神经-腓肠肌标本是生理学实验的基本操作技术之一。

骨骼肌受神经的支配，两者均属可兴奋组织。电刺激使神经兴奋，神经冲动沿神经干传向末梢，信号通过神经肌接头的传递，使骨骼肌兴奋，再经兴奋收缩耦联引起骨骼肌收缩。组织兴奋性的高低一般用使细胞发生兴奋所需的最小刺激量来表示。刺激量通常包括 3 个参数：刺激强度、刺激时间及强度-时间变化率。在生理学实验中，常固定后两个参数，研究不同强度的刺激对骨骼肌收缩张力的影响。刚能使骨骼肌产生收缩的最小刺激强度称为阈强度，此最小刺激称为阈刺激。随着刺激强度的增加，肌肉收缩张力也相应增大。强度大于阈值的刺激称为阈上刺激。当刺激强度增加至某一值时，肌肉产生的收缩效应达到最大，这种能引起组织产生最大反应的最小强度的刺激称为最大刺激。

运动神经受到一次短促有效的刺激，引起所支配的肌肉出现一次收缩和舒张，这种收缩形式称为单收缩。骨骼肌动作电位的时程仅约 5 毫秒，而其所诱发产生的骨骼肌收缩时程可达几十或上百毫秒。因此，用强度相同而频率不同的阈上刺激作用于神经组织，其骨骼肌收缩的形式亦不相同。当刺激频率增加到一定程度时，下一次的收缩可与前一次的收缩发生融合。若刺激的频率相对较低，刺激的时间间隔短于肌肉的整个收缩舒张时程但长于收缩相时，下一次收缩出现在前一次收缩的舒张相，收缩张力曲线部分融合，产生不完全强直收缩。当刺激频率增加至一定程度时，若刺激的时间间隔短于肌肉的收缩相，下一次收缩出现在前一次收缩的收缩相，收缩张力曲线完全融合，肌肉产生完全强直收缩。

【实验对象】　蛙或蟾蜍。

【实验药品与器材】　蛙板、玻璃板、固定针、任氏液、眼科剪、粗剪刀、手术剪、毁髓针、手术镊、手术刀、玻璃分针、滴管、培养皿、棉线、锌铜弓、BL-420F 生物机能实验系统、张力换能器、铁支架、双凹夹、保护电极。

【实验项目与步骤】

（一）坐骨神经-腓肠肌标本制备

（参照第一章“蛙坐骨神经-腓肠肌标本制备”）

（二）观察刺激强度与肌肉收缩反应的关系

1. 连接实验装置：将标本的股骨头固定在肌槽的股骨固定孔内，将腓肠肌肌腱上的结扎线系于张力换能器的受力片上，并使松紧合适，以使肌肉自然拉平为宜；张力换能器连接至 BL-420F 生理机能实验系统 1 通道；将神经搭在肌槽的刺激电极上，将刺激输出导线与肌槽的两个刺激电极接头相连。

2. 打开电脑，进入 BL-420F 生物机能实验系统。选实验项目中神经肌肉实验的“刺激强度与反应的关系”。根据实验需要选择参数。

3. 刺激参数设置：刺激方式为单次，方波正电压，波宽 0.2～0.5 毫秒，刺激模式为强度递增，刺激强度设置为 0.2V，启动刺激后观察实验结果。刚能引起腓肠肌收缩的刺激强度为阈强度，这种刚达到阈强度的刺激为阈刺激。

4. 随着刺激强度的递增，可记录到肌肉收缩曲线的幅度逐步增加（图 2-1）。当收缩曲线的幅度不再随刺激强度的增加而升高时，此刚能引起肌肉发生最大收缩反应（收缩曲线幅度达到最高）的最小强度的刺激，即为最大刺激。

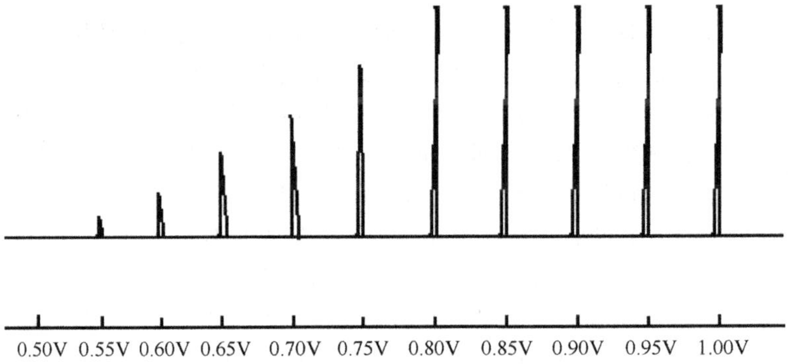

图 2-1　刺激强度与肌肉舒缩的关系

5. 将需要的波形剪贴到实验报告中，存盘，打印。

（三）观察不同频率的刺激引起的肌肉收缩形式的改变

1. 打开电脑，进入 BL-420F 生物机能实验系统。选实验项目中神经肌肉实验的“刺激频率与反应的关系”。将放大倍数设置为 2 倍，观察实验结果，记录肌肉的单收缩与复合收缩曲线（图 2-2）。

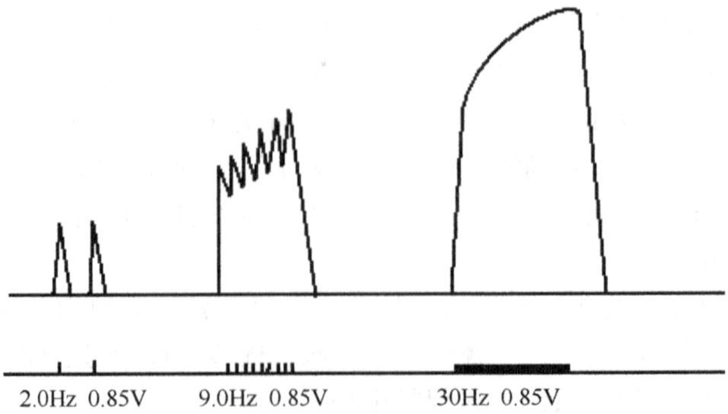

图 2-2　刺激频率与肌肉收缩的关系

2. 单收缩，刺激频率为 1～4Hz；不完全强直收缩，刺激频率为 5～19Hz；完全强直收缩，刺激频率在 20Hz 以上。

3. 结束实验并输入文件名，按默认路径保存，保存实验图形和结果或打印。

【注意事项】

1. 在整个标本制备过程中，常用任氏液浸湿标本以防干燥。

2. 尽量避免用手或金属器材直接与所需要的神经或肌肉接触，也不要使蟾蜍毒素粘到标本上，以免损伤标本。

3. 制备坐骨神经干标本时，应尽量除尽附着的血管、神经。神经干两端应用线扎紧，浸于任氏液中备用，取神经干时须用镊子夹持两端结扎线，切不可直接夹持神经干。

4. 经常保持神经标本湿润（可置一小片湿纱布），但液体不宜过多，以免短路。

5. 注意使神经标本与刺激电极和引导电极密切接触。

6. 每次刺激后应使肌肉休息 30 秒，连续刺激不可超过 5 秒。

7. 刺激强度应由弱到强，不可一下用过强的刺激，以免损伤神经。

8. 实验时应盖上神经标本盒的盒盖并接地，以防干扰。

9. 神经屏蔽盒用后应清洗干净，尤其是刺激电极和引导电极，否则残留盐溶液会导致电极腐蚀和导线生锈。

【思考题】

1. 怎样判断蟾蜍的脑和脊髓是否完全损毁?

2. 制备好的神经肌肉标本为何要浸泡于任氏液中?

3. 锌铜弓为什么可以检查神经肌肉的兴奋性?

4. 刺激频率改变时，肌肉发生不同的收缩形式，当肌肉收缩发生融合时，肌电是否融合?

5. 肌肉收缩的幅度与刺激频率的关系如何?

6. 骨骼肌的收缩幅度与刺激强度之间有何关系?

实验二 神经干动作电位、兴奋传导速度和不应期测定

【实验目的】

1. 观察神经干动作电位的基本波形，并了解其产生的基本原理。

2. 学习蛙类动物坐骨神经干动作电位传导速度和不应期的测定方法。

【实验原理】 神经纤维的兴奋表现为动作电位的产生和传导，神经干动作电位是神经兴奋的客观标志。处于兴奋部位的膜外电位负于未兴奋部位，呈现外负内正的反极化状态。因此，兴奋部位与未兴奋部位产生电位差。当神经冲动通过后，兴奋处的膜内外电位又恢复到静息时水平。神经干兴奋过程所发生的这种膜电位变化称为神经干动作电位。用电生理学方法可引导出此电位差及其变化并加以显示。如果将两引导电极置于正常完整的神经干表面，当神经干一端兴奋后，兴奋波先后通过两个引导电极处，可记录到两个方向相反的电位偏转波形，称为双相动作电位。如果两个引导电极之间的神经组织有损伤，兴奋波只通过第一个引导电极，不能传导到第二个引导电极，则记录到一个方向的电位偏转波形，称为单相动作电位。

由于神经干动作电位是由不同兴奋阈值、传导速度和幅值的动作电位总和而成，故又称为神经干复合动作电位，其幅度在一定范围内可随刺激强度的变化而变化。测定神经冲动在神经干上传导的距离（d）与通过这些距离所需的时间（t）。即可根据 $V=d/t$ 求出神经冲动的传导速度。

可兴奋组织在接受一次刺激而被兴奋后，其兴奋性会发生规律性的时相变化，依次经过

绝对不应期、相对不应期、超常期和低常期，然后再恢复到正常的兴奋性水平。通过调节双刺激的波间隔，使后一个刺激波不能引起动作电位，即可测定出绝对不应期的时程。

【实验对象】 蛙或蟾蜍。

【实验药品与器材】 蛙板、玻璃板、固定针、任氏液、眼科剪、粗剪刀、手术剪、毁髓针、手术镊、手术刀、玻璃分针、滴管、培养皿、棉线、锌铜弓、BL-420F 生物机能实验系统、张力换能器、铁支架、双凹夹、保护电极。

【实验项目与步骤】

（一）坐骨神经腓肠肌标本制备

（参照第一章“蛙坐骨神经-腓肠肌标本制备”）

（二）神经干动作电位的测定

1. 用滤纸片吸去神经标本上过多的任氏液。用手术镊夹持标本两端的结扎线，将标本移至神经屏蔽盒内。神经标本必须与 5 根电极良好接触。神经标本的放置方向是中枢端接触刺激电极，外周端接触引导电极。各电极应靠近些，以获得较强的信号。在神经屏蔽盒内滴加少量水分，以防神经干燥。

2. 连接实验装置　按图 2-3 连接 BL-420F 生物机能实验系统刺激输出接口、神经屏蔽盒和 1 通道输入接口。

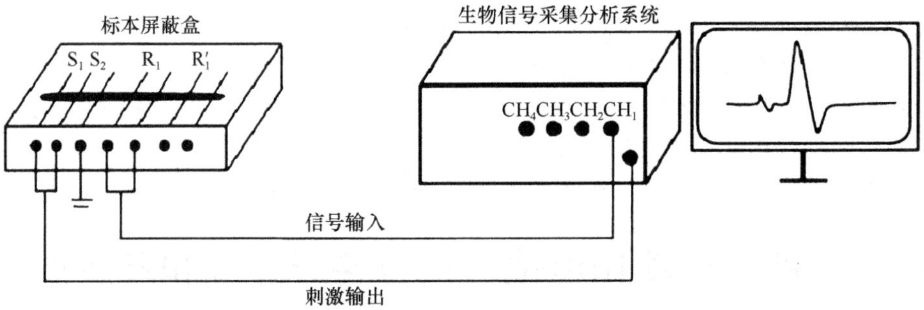

图 2-3　神经干动作电位实验装置连接示意图

3. 双相动作电位和不同刺激强度对神经干动作电位的影响　在“实验项目”中选择“肌肉神经实验—神经干动作电位的引导”。本实验是采用刺激触发方式，即每启动一次刺激器就将触发一次采样。用鼠标在刺激器对话框中选择同步触发，然后点击“开始刺激”键，稍等片刻屏幕上即出现一屏“动作电位”波形，以后每点击“开始刺激”键一次，波形即刷新一次。将刺激方式设置为“单刺激”，强度由 0 开始逐渐增加，当强度增加至一定数值时，即可出现双相动作电位。仔细观察其波形，并测量动作电位的时程和幅度。再逐渐增加刺激强度，观察动作电位的波形、幅度、时程有何变化。若需保存波形，用鼠标点击刺激器对话框内的“记录当前波形”键即可，每刺激一次，均可按此方法将当前波形保存起来。若保存了多幅波形，每幅波形作为一个子文件存在。

4. 单相动作电位　用镊子将两个记录电极之间的神经干夹伤，可观察到单项动作单位。观察单相动作电位的潜伏期、持续时间和幅值。

5. 保存实验结果、打印。

（三）神经干兴奋传导速度的测定

把神经屏蔽盒的两对引导电极与 BL-420F 生物机能实验系统的 1、2 通道相连。两对引导电极的距离越远越好。选择菜单栏中的“实验项目”→“肌肉神经系统实验”→“神经干兴奋传导速度测定”，在对话窗口内输入两对引导电极的距离，确定后，按刺激启动键，则在 1、2 通道上分别出现一个动作电位，且显示出其传导速度的数据。或在显示方式菜单条下找出比较显示方式，则可在显示器上显示出两道的图形。该实验模块直接将动作电位的潜伏期及刺激电极与记录电极之间的距离带入公式 $V=(S_2-S_1)/(T_2-T_1)$ 计算出神经干的兴奋传导速度。保存实验结果、打印。

（四）神经兴奋不应期的测定

用镊子将两个记录电极之间的神经干夹伤，以产生单项动作单位。调节刺激强度，找到最大刺激强度，调节刺激模式为双脉冲刺激，刺激间隔为 20 毫秒。调节“延时”，缩短两个刺激伪迹之间的差距，使第二个动作电位逐渐向第一个动作电位靠近。当第二个刺激引起的动作电位幅度开始下降时，表明第二个刺激已落入第一次兴奋的相对不应期，此时两个刺激伪迹的间隔时间记为 t_1。继续缩短双脉冲刺激的间隔时间。保存实验结果、打印。

【注意事项】

1. 在整个标本制备过程中，常用任氏液浸湿标本以防干燥。
2. 尽量避免用手或金属器材直接与所需要的神经或肌肉接触，也不要使蟾蜍毒素粘到标本上，以免损伤标本。
3. 制备坐骨神经干标本时，应尽量除尽附着的血管、神经。神经干两端应用线扎紧，浸于任氏液中备用，取神经干时须用镊子夹持两端结扎线，切不可直接夹持神经干。
4. 经常保持神经标本湿润（可置一小片湿纱布），但液体不宜过多，以免短路。
5. 注意使神经标本与刺激电极和引导电极密切接触。
6. 观察双相动作电位时，如果第二相动作电位波幅太小，可将两个刺激电极的距离保持在最小（但不能碰在一起）。
7. 实验时应盖上神经标本盒的盒盖并接地，以防干扰。
8. 神经屏蔽盒用后应清洗干净，尤其是刺激电极和引导电极，否则残留盐溶液会导致电极腐蚀和导线生锈。

【思考题】

1. 试述单、双向动作电位的产生原理，两种电位在时程和幅度上有何不同?
2. 记录神经干动作电位时，为什么常在中枢端给予刺激，而在外周端引导动作电位?
3. 解释在两个引导电极之间夹伤神经对动作电位波形的影响。

实验三　影响血液凝固的因素

【实验目的】　通过测定某些条件下的血液凝固时间，了解若干影响血液凝固的因素。

【实验原理】　血液凝固是指血液离开血管几分钟后，由流动的液体状态变成不能流动的凝胶状的血凝块的过程。其过程分为三个基本步骤：①凝血酶原酶复合物的形成。②凝血酶原激活为凝血酶。③纤维蛋白原转化为纤维蛋白。最终结果是不溶性的纤维蛋白交织成网并网罗血细胞等成分形成血凝块。根据凝血酶原酶复合物形成过程中的启动方式和参与的凝血子的不同，凝血途径分为内源性凝血途径和外源性凝血途径。内源性凝血途径指参与凝血的因子均来自血液，由Ⅻ因子激活启动的凝血过程；而外源性凝血途径则是由于血管损伤暴露出组织因子启动的凝血过程。

血液凝固过程是一系列凝血因子参与的复杂的酶促级联反应，即由凝血因子按一定顺序被激活。因此，某些凝血因子缺乏或条件的变化均可影响血液的凝固。本实验采用颈总动脉取血，血液几乎未与组织因子接触，其发生的凝血过程基本上可以看作由血浆中凝血因子启动的内源性凝血。脑组织含有丰富的组织因子，本实验用兔脑粉观察外源性凝血途径的作用。血液凝固过程受许多因素，如温度、接触面的光滑程度、抗凝剂等的影响而改变血液凝固的时间。

【实验对象】 家兔。

【实验药品与器材】 20%氨基甲酸乙酯、肝素（8U/ml）、2%草酸钾溶液、3.8%枸橼酸钠，40mol/L 氯化钙溶液，兔手术台，常规手术器械，动脉夹，手术丝线，计时器，颈动脉插管，注射器，小试管 8 支，试管架，小烧杯，棉签、棉花。

【实验方法与步骤】

1. 麻醉与固定　用 20%氨基甲酸乙酯按 4ml/kg 体重经家兔耳缘静脉缓慢注入，待其麻醉后，将其仰卧固定于手术台上。

2. 动脉插管　剪去颈部兔毛，沿正中线切开皮肤 5～7cm（距喉头 1～2cm 起，距胸骨上端 1～2cm 止），钝性分离皮下组织和肌肉，暴露气管，分离一侧颈总动脉，远心端穿线结扎，近心端用动脉夹夹住，靠近心端穿一线备用，用眼科剪朝心脏方向将动脉做一斜行小切口，插入动脉插管，用手术缝合线固定。需放血时开启动脉夹即可。

【实验项目】

1. 取试管 8 支，标号后按顺序置于试管架上，分别按表 2-1 要求处理备用。放开动脉夹，每支试管加入血液 2ml 并迅速摇匀，即刻开始计时。之后每隔 15 秒将试管倾斜一次，观察液面是否随之倾斜。若液面不随试管倾斜，表示血液已凝固。分别记录各试管中血液凝固所经历的时间。

表 2-1　不同条件血液凝固时间

试管编号	实验条件	凝血时间
1	不做任何处理（对照管）	
2	加少许兔脑粉	
3	加棉花少许（或木屑）	
4	用液体石蜡润滑试管内表面	
5	保温于 37℃水浴槽中	
6	置于有冰块的烧杯中	
7	加入草酸钾 1～2mg	
8	加肝素 1ml	

若加肝素和草酸钾的试管中血液不出现凝固，可再向两管内分别加入 40mol/L 的氯化钙溶液 2～3 滴，观察血液是否发生凝固。

2. 观察纤维蛋白原在凝血过程中的作用　将经兔颈总动脉放出的血液注入两个小烧杯内，一杯静置；另一杯用橡皮刷或竹签不断地搅拌，观察血液的凝固现象。取出橡皮刷或竹签，用水洗净橡皮刷或竹签上的血，观察缠绕在橡皮刷或竹签上的纤维蛋白的形状和颜色，观察烧杯内剩余的血液是否发生凝固。

【注意事项】

1. 拿取试管时用拇指和食指捏住试管上端，不要握住试管的底部，以免手的温度影响结果。

2. 8 支试管的口径大小及加入的血量不可相差太大，力求相对一致。

3. 采血过程要快，尽量减少计时的误差。

4. 判断血凝的标准要求一致。

5. 实验前要准备充分，明确分工，准确计时，严格控制各个试管的条件，由一位同学负责每隔半分钟报时一次，其他同学各观察 1～2 支试管的血液凝固情况，并负责记录试管中血液的凝血时间。最后将各管的凝血情况列表汇总。

【思考题】

1. 影响血液凝固的因素有哪些？

2. 为什么去除了纤维蛋白的血液不会凝固？

3. 在临床工作中，哪些方法可以帮助患者止血？

实验四　红细胞渗透脆性实验观察

【实验目的】

1. 学习红细胞渗透脆性的测定方法。

2. 观察红细胞在不同浓度低渗 NaCl 溶液中的形态变化，加深理解细胞外液渗透张力对维持红细胞正常形状与功能的重要性。

【实验原理】 0.9% NaCl 溶液与血浆的渗透压相等，将红细胞悬浮于 0.9% NaCl 等渗溶液中，其形态可维持不变；若将红细胞置于高渗的 NaCl 溶液中，会使细胞内失去水而引起细胞膜皱缩；置于低渗 NaCl 溶液中，则会因过多水进入胞内而使其膨胀甚至溶血。正常红细胞对低渗盐溶液具有一定的抵抗力，这种抵抗力的大小，可以作为红细胞渗透脆性的指标。抵抗力小，表示渗透脆性大；反之，则表示渗透脆性小。同一个体的红细胞，其渗透脆性并不完全相同。将血液滴入不同浓度的低渗 NaCl 溶液中，开始出现溶血现象的溶液浓度，为该血液红细胞的最小抵抗力，即最大脆性值（正常为 0.42%～0.46% NaCl 溶液）；出现完全溶血时的低渗 NaCl 溶液的浓度，则为该血液红细胞的最大抵抗力，即最小脆性值（正常为 0.28%～0.32% NaCl 溶液）。生理学上将能使悬浮于其中的红细胞保持正常体积和形状的溶液称为等张溶液。等张溶液一定是等渗溶液，但等渗溶液不一定是等张溶液，如 1.9%尿素溶液。

【实验对象】 家兔。

【实验药品与器材】 20%氨基甲酸乙酯，兔手术台，常规手术器械，动脉夹，手术丝线，颈动脉插管，注射器，试管架，小烧杯，滴管，大试管 10 支，2ml 吸管，1% NaCl 溶液，蒸馏水。

【实验方法与步骤】

1. 麻醉与固定　用 20%氨基甲酸乙酯按 4ml/kg 体重经家兔耳缘静脉缓慢注入，待其麻醉后，将其仰卧固定于手术台上。

2. 动脉插管　剪去颈部兔毛，沿正中线切开皮肤 5～7cm（距喉头 1～2cm 起，距胸骨上端 1～2cm 止），钝性分离皮下组织和肌肉，暴露气管，分离一侧颈总动脉，远心端穿线结扎，近心端用动脉夹夹住，靠近心端穿一线备用，用眼科剪朝心脏方向将动脉做一斜行小切口，插入动脉插管，用手术缝合线固定。需放血时开启动脉夹即可。

【实验项目】

1. 制备各种浓度的低渗盐水溶液　取干净试管 10 支，依次编号并排列在试管架上，按表 2-2 分别用 2 支 2ml 吸管向各小试管内加入 1% NaCl 溶液和蒸馏水，混匀，配制成 0.25%～0.70% 10 种不同浓度的 NaCl 低渗溶液。

表 2-2　各种浓度的低渗盐水溶液配制表

试管编号	1	2	3	4	5	6	7	8	9	10
1% NaCl（ml）	1.40	1.30	1.20	1.10	1.00	0.90	0.80	0.70	0.60	0.50
蒸馏水（ml）	0.60	0.70	0.80	0.90	1.00	1.10	1.20	1.30	1.40	1.50
NaCl 浓度（%）	0.70	0.65	0.60	0.55	0.50	0.45	0.40	0.35	0.30	0.25

2. 经动脉插管向小烧杯放血 5ml，用滴管吸取血液依次向 10 只试管内各加血 1 滴，血滴大小要尽量保持一致，轻轻颠倒混匀，切勿用力振摇。室温下静置1小时后进行下列观察。

3. 观察实验结果 根据各个试管混合液的色调和透明度可出现 3 种结果。

（1）试管内液体分层，下层为混浊红色，上层为无色或淡黄色的透明液体，表明红细胞没有溶血。

（2）试管内液体分层，下层为混浊红色，上层为透明红色，表示部分红细胞破坏，称为不完全溶血。

（3）试管内液体不分层，完全变成透明红色，说明红细胞全部破裂，称完全溶血。

4. 记录红细胞的渗透脆性范围 通过观察结果，可以清楚地了解家兔红细胞的渗透脆性范围，即开始溶血的 NaCl 溶液浓度到完全溶血的 NaCl 溶液浓度。

【注意事项】

1. 采血过程要快，避免血液凝固。
2. 试管应按编号顺序放置，以防颠倒错误。
3. 不同浓度的低渗溶液的制备应准确，以免造成低渗盐溶液浓度误差过大。
4. 吸取血液速度应快；向试管滴加血液时要靠近液面，使血滴轻轻滴入溶液中，避免人为造成红细胞破裂而出现溶血假象。
5. 仔细观察（观察结果应在明亮处）、正确判定开始出现溶血的盐溶液浓度。

【思考题】

1. 红细胞的渗透脆性与红细胞膜对低渗盐溶液的抵抗力呈何种关系？
2. 正常人体血液中红细胞为什么能保持正常的形态和大小？
3. 测定红细胞渗透脆性有何临床意义？

实验五 ABO 血型鉴定

【实验目的】

1. 学习鉴定血型的方法，观察红细胞的凝集现象，掌握 ABO 血型鉴定的实验原理。
2. 通过实验认识血型鉴定在输血中的重要性。

【实验原理】 ABO 血型鉴定的实验原理主要是根据抗原抗体反应来进行的。红细胞表面存在的特异性抗原决定了血型，而血清中存在着与红细胞本身不相对应的抗体，如 A 型血的人其红细胞表面存在 A 抗原，而血清中则存在抗 B 抗体，因此不会发生血液凝集现象。如果同种抗原和抗体共同存在，就会发生抗体的凝集反应，使血细胞凝集，进而出现溶血反应，危及生命。

【实验对象】 人。

【实验药品与器材】 标准抗 A 及抗 B 血清，酒精棉球，消毒的干棉球，双凹或单凹玻片，一次性采血针，玻璃棒，显微镜。

【实验方法与步骤】

1. 用蜡笔在玻片两端角上分别作“抗 B”和“抗 A”标记，将抗 B 和抗 A 血清分别滴在标有“抗 B”和“抗 A”字样的圆圈内。

2. 酒精棉球消毒耳垂或左手指尖，待自然风干后，用消毒的采血针刺破皮肤，将采血针弃入污物桶。

3. 捏住玻璃棒的中间，用一端取少许血与标准抗 A 血清充分混合，用另一端取少许血与标准抗 B 血清充分混合。

4. 5～10 分钟后用肉眼观察有无凝集现象来判断血型。如无凝集现象，再混合之，等 20～30 分钟后，再观察。也可在低倍显微镜下观察。

5. 结果观察完毕后，清洗用过的玻片，弃掉用过的酒精棉球、采血针等。

【注意事项】

1. 实验用具严格消毒，请勿污染，采血针要做到一人一针，不能混用。
2. 用过的物品弃入污物桶，不要放回消毒器皿内，以免污染其他物品。
3. 酒精消毒部位自然风干后采血，血液容易聚集成滴，便于取血。
4. 取血不宜太少，以免影响观察结果。
5. 消毒玻璃棒在血清内搅过后，切勿再到采血部位采血，以免污染伤口。

【思考题】

1. 临床上的输血原则是什么？
2. 如果你是 A 型血或者 B 型血，在没有标准血清的情况下，能否检查未知人的血型？

实验六　出、凝血时间测定

【实验目的】

1. 通过测定出血时间的长短，了解毛细血管及血小板功能是否正常。
2. 通过测定凝血时间的长短，可以了解凝血因子是否齐备及凝血功能是否正常。

【实验原理】　出血时间是指由采血针刺破皮肤毛细血管，血液自行流出到自行停止出血所需的时间。当毛细血管受损时，受伤小血管立即引起收缩反应，从而使局部血流减慢，有利于血小板黏着并聚集于血管的损伤处，形成松软的止血栓，接着血小板释放出血管活性物质，使局部小血管广泛而持久地收缩，局部迅速出现凝血块，有效堵住伤口，使出血停止。因此，出血时间可反映血小板和毛细血管的功能。凝血时间是指血液流出体外至凝固所需的时间。凝血时间只反映血液本身的凝血过程是否正常。

正常人出血时间为 1～3 分钟，出血时间延长常见于血小板数量减少或毛细血管功能缺损情况。正常人采用玻片法测定的凝血时间为 2～8 分钟，凝血时间延长常见于某些凝血因子缺乏或异常的疾病。

【实验对象】　人。

【实验药品与器材】　酒精棉球，消毒采血针，载玻片，滤纸条，秒表，消毒棉球，大头针。

【实验项目与步骤】

1. 出血时间测定　以酒精棉球消毒耳垂或手指指端腹侧，待酒精自然挥发后，用消毒采血针刺入皮肤 2～3mm 深，让血液自然流出，勿挤压。从血液自然流出时起即开始计时。每隔 30 秒用滤纸吸干流出的血液 1 次，并使血迹在吸水纸上依次排列，直至血液不再流出为止。按吸水纸上的血滴数计算出血时间，正常人的出血时间为 1～3 分钟。

2. 凝血时间测定（玻片法）　以酒精棉球消毒耳垂或无名指指端腹侧，待酒精自然挥发后，用消毒采血针刺入皮肤 2～3mm 深，让血液自然流出，用干棉球轻轻拭去第 1 滴血液，待血液重新自然流出，以清洁、干燥的载玻片接取一大滴血液，立即开始计时。每隔 30 秒用大头针挑血一次，直至挑起细纤维状的血丝为止。从出血开始到挑起细纤维血丝的时间就是凝血时间。玻片法测定的凝血时间正常为 2～8 分钟。

【注意事项】

1. 各种用具应严格消毒，采血针要做到一人一针，不能混用。
2. 如出血时间超过 15 分钟，应停止实验，进行止血。

3. 针刺耳垂或手指时，不宜太浅。如针刺深度不够，流血量太少，切勿挤压，应重新针刺。

4. 测定止血时间时，注意滤纸勿触及伤口，以免影响结果的准确性。

5. 测定凝血时间时，应严格每隔 30 秒用大头针挑血一次，不可太频繁。同时，每次挑动血液时，应沿同一方向，横过血滴，勿多方向挑动，以免破坏血液凝固的纤维蛋白网状结构造成不凝的假象。

【思考题】

1. 出血时间与凝血时间有何不同？

2. 临床上缺乏凝血因子Ⅶ或凝血因子Ⅷ，各对凝血时间有何影响？其区别何在？

实验七　离体蛙心灌流

【实验目的】 利用离体蛙心灌流实验方法，观察 Na^+、K^+、Ca^{2+}和某些体液因素对心脏活动的影响及作用原理。

【实验原理】 心脏正常的节律性活动需要一个合适的理化环境。心肌细胞生物电和电生理特性与 Na^+、K^+、Ca^{2+}密切相关。因此改变灌流液中离子的浓度对心肌的电活动和节律性收缩会产生明显的影响。细胞外液中的 Ca^{2+}浓度增高，可使心肌收缩力加强；过高时，将使心肌收缩过度，甚至停止于收缩状态。当细胞外 K^+浓度增高时，可使心率减慢，传导速度降低和收缩力减弱，造成心动过缓、传导阻滞和收缩不全，严重者引起心跳突然停止。细胞外 Na^+过高时，使细胞内 Ca^{2+}外运动增多，细胞内 Ca^{2+}浓度降低，心肌收缩功能下降。肾上腺素和乙酰胆碱是调节心脏活动的主要物质。肾上腺素使心肌的收缩力增强，心率增快。乙酰胆碱使心肌的收缩力减弱，心率减慢。

【实验对象】 蟾蜍或青蛙。

【实验药品与器材】 任氏液，0.65%NaCl 溶液，2%$CaCl_2$ 溶液，1∶10 000 肾上腺素溶液，1∶100 000 乙酰胆碱溶液，3%乳酸溶液，1%KCl 溶液。蛙类手术器械，玻璃蛙心插管，张力传感器，铁力架，蛙心夹，双凹夹，BL-420F 生物机能实验系统。

【实验方法与步骤】

1. 离体蛙心灌流标本制备（参见第一章“离体蛙心灌流标本制备”）。

2. 把蛙心插管固定在铁支架上，通过蛙心夹及其连线，将心脏的舒缩活动传递给张力传感器，张力传感器将信号输入电脑主机 BL-420F 生物机能实验系统的信号输入 1 通道。

3. 打开电脑，进入 BL-420F 生物机能实验系统实验记录界面，在菜单栏“实验项目”中选择“蛙心灌流实验”。可适当调节增益和扫描速度至出现较理想的心缩曲线。

【实验项目和记录】

1. 描记正常的心缩曲线并进行分析　曲线的疏密，代表心跳的频率，可根据纸速来计算；曲线的规律性，代表心跳的规律性；曲线的幅度，代表心室收缩的强弱；曲线的顶点水平，代表心室收缩的程度；曲线的基线，代表心室舒张的程度。

2. 离子的影响

（1）在蛙心插管中的任氏液内滴 5 滴 0.65% NaCl 溶液，观察心跳变化。

（2）把含 NaCl 的溶液吸出，换以新鲜任氏液，待心脏活动恢复正常后，加入 2%$CaCl_2$ 溶液 1～2 滴，观察心跳变化。

（3）把含 $CaCl_2$ 的溶液吸出，换以新鲜任氏液，待心脏活动恢复正常后，加入 1%KCl 溶液 1～2 滴，观察心跳变化。

3. 递质的作用

（1）把含 KCl 的溶液吸出，换以新鲜任氏液，待心脏活动恢复正常后，加入 1∶10 000 肾上腺素溶液 1～2 滴，观察心跳变化。

（2）把含肾上腺素的溶液吸出，换以新鲜任氏液，待心脏活动恢复正常后，加入 1∶100 000 乙酰胆碱溶液 1～2 滴，观察心跳变化。

（3）把含乙酰胆碱的溶液吸出，换以新鲜任氏液，待心脏活动恢复正常后，加入 3%乳酸溶液 1～2 滴，观察心跳变化。

【注意事项】

1. 每次换液时，液面不宜过高，且应每次保持一定的高度。

2. 加试剂时，每次不宜太多，先加 1～2 滴，若作用不明显可再补加。

3. 当每种试剂作用明显时，应立即换液，并灌洗数次，以免心肌受损并有利于迅速恢复。

4. 固定传感器时，应稍向下倾斜，以免自心脏滴下的水流入传感器内，损伤传感器。

5. 不同药物之间不能混用滴管，以免影响实验结果。

【思考题】

1. 用 0.65% NaCl 溶液替换任氏液后，心脏收缩曲线有何变化？为什么？

2. 滴加 1% KCl 溶液后，心脏收缩曲线有何变化？为什么？

3. 滴加 2% $CaCl_2$ 溶液后，心脏收缩曲线有何变化？为什么？

4. 滴加 1∶10 000 肾上腺素溶液后，心脏收缩曲线有何变化？为什么？

5. 滴加 1∶100 000 乙酰胆碱溶液后，心脏收缩曲线有何变化？为什么？

实验八　期前收缩和代偿间歇

【实验目的】　通过施加额外刺激，观察和了解期前收缩和代偿间歇产生的原理，验证心肌兴奋后兴奋性变化及其特点。

【实验原理】　心肌兴奋时兴奋性变化的主要特点是有效不应期较长，相当于整个收缩期和舒张早期。在此期中，任何强大的刺激均不能使之产生兴奋和收缩。此后为相对不应期，仅对强刺激才能产生动作电位。最后为超常期。后两时期均发生在舒张期内。因此，在舒张中晚期，给心脏施加较强的刺激，可在正常节律性兴奋到达心室之前，引起心室提前出现一个兴奋和收缩，分别称为期前兴奋和期前收缩。期前收缩也有有效不应期，当正常的节律性兴奋到达时，正好落在这个有效不应期中，因而不能引起心室的兴奋和收缩，心室停留于舒张状态，直至下一次正常节律性兴奋到达时，才恢复正常的节律收缩，此较长的舒张期称为代偿间歇。

【实验对象】　蟾蜍或蛙。

【实验药品与器材】　任氏液，蛙类手术器械，张力传感器，铁支架，蛙心夹，双凹夹，BL-420F 生物机能实验系统，刺激电极，蛙钉。

【实验方法与步骤】

1. 取蟾蜍 1 只，破坏脑和脊髓，将蟾蜍四指用蛙钉固定在蛙板上，剖开胸壁，暴露心脏。

2. 在心舒期用蛙心夹夹住心尖，将蛙心夹上的连线接至张力传感器上，张力传感器将信号输入 BL-420F 生物机能实验系统 1 通道，记录心脏收缩活动曲线。将心电图电极（6 号注射针头）插入蟾蜍右前肢、左下肢和右下肢皮下引导Ⅱ导联心电图，导联线接入 BL-420F

生物机能实验系统 2 通道。

3. 固定刺激电极，使其两极与心室相接触。将刺激电极固定于支架上，并使心脏处于两电极之间，无论心室收缩或舒张，均能与两极接触。

4. 打开电脑，进入 BL-420F 生物机能实验系统，在菜单栏选择实验项目，可适当调节增益和扫描速度至出现较理想的心缩曲线，曲线向上为心室收缩，曲线向下为心室舒张。

【实验项目和记录】

1. 记录蟾蜍的正常心搏曲线，辨别曲线中哪一部分代表心室收缩，哪一部分代表心室舒张。

2. 打开刺激器控制窗口，调整刺激强度，用中等强度的单个阈上刺激分别在心室收缩早、中、晚期和舒张早、中、晚期刺激心室（刺激前后要有三四个正常心搏作对照，不可连续输出两个刺激），观察能否引起期前收缩。若能引起期前收缩，观察其后是否出现代偿间歇。

【思考题】

1. 分析期前收缩产生和代偿间歇产生的原因。

2. 心肌每发生一次兴奋后，其兴奋性的改变有何特点，其生理意义是什么？

实验九　人体动脉血压的测定

【实验目的】

1. 学习袖带法测定动脉血压的原理和方法。

2. 测定人体肱动脉的收缩压和舒张压。

【实验原理】　人体血压的测量部位通常为肱动脉。通常血液在血管内流动时没有声音，如果血流经过狭窄处形成涡流，则可发出声音。当充气使缠缚于上臂的袖带内的压力加大，超过动脉收缩压时，肱动脉内的血流被完全阻断，从置于肱动脉受压段远侧的听诊器中听不到任何声音，也触不到桡动脉的脉搏，此后慢慢放气降低袖带内压，当其压力低于肱动脉收缩压而高于舒张压时，血液将断续地流过受压的血管，形成涡流而发出声音，此时即可在肱动脉受压段远端听到声音，也可触到桡动脉脉搏。如果继续降低袖带内压，当袖带内压等于舒张压时，则血管内血流由断续变成连续，声音突然由强变弱或消失。因此，刚能听到声音时袖带内压相当于收缩压，而声音突变或消失时的袖带内压相当于舒张压。

【实验对象】　人。

【实验药品与器材】　血压计、听诊器。

【实验方法与步骤】

1. 熟悉血压计的结构　目前常用的血压计有两种，即水银柱式血压计和电子式血压计。水银柱式血压计包括三部分：袖带、橡皮球和水银检压计。电子式血压计仍保留了袖带、橡皮球，而检压计由数字模块整合而成。

2. 水银柱式血压计测定动脉血压的方法

（1）让受试者脱去一侧衣袖，静坐 5 分钟。

（2）松开血压计橡皮球的螺旋阀，将袖带展平，排尽空气，再旋紧螺旋阀。

（3）让受试者将前臂平放桌上前伸，使肱动脉肘横纹处与主动脉在同一水平，手掌向上。将袖带缠于上臂，与袖带相连的橡皮管置于肱动脉处。袖带下缘应在肘横纹上 2cm 左右，松紧以能伸入袖带一指为宜。

（4）用中指和食指触摸肘窝内侧肱动脉的搏动，再将听诊器胸件放在搏动最明显处，但切勿插入袖带下。听诊器耳件戴于双耳。

（5）检测者一手环握受检者上臂，拇指轻压听诊器胸件于肱动脉上，一手持橡皮球，拇指和食指环橡皮球持握螺旋阀。确定螺旋阀旋紧后，挤压橡皮球向袖带内充气，使水银柱上升到约 180mmHg（24kPa），此时肱动脉处听不到声音，也触不到桡动脉搏动。随即松开螺旋阀徐徐放气，使水银柱液面匀速落下。仔细听诊，当听到第一声“咚”的声音时，水银柱液面所指示的刻度即为收缩压。

（6）测定舒张压：听到第一声血管音后，随着水银柱液面的下降，检查者会听到与心率一致的血管音，此声音先由低到高，而后由高突然变低或完全消失。在声音突然变低或消失时，水银柱所指示的刻度即为舒张压。

【注意事项】

1. 室内必须保持安静，以利听诊。

2. 动脉血压通常可连续测量 2 次，但必须间隔 3～5 分钟。重复测定前，必须使袖带内压力降到零位。一般以两次较为接近的数值为准。

3. 如血压超出正常范围，应让受试者休息 10 分钟后再测。诊断高血压，需要至少测量 3 次不同日期、不同时间段的血压进行判断，仅一次测得的血压值不能诊断为高血压。

4. 左、右肱动脉可有 5～10mmHg 的压力差，测量时固定在一侧上臂不得随意更换。

【思考题】

1. 什么是收缩压和舒张压？其正常值是多少？

2. 测量血压前，为何需要受检者静坐休息？

实验十　人体体表心电图的记录

【实验目的】

1. 学习人体体表心电图的记录方法。

2. 辨认正常心电图波形并熟悉其生理意义。

【实验原理】　心肌在发生兴奋时有一定的程序，出现一系列的电位变化，这些电位变化通过心脏周围的组织和体液传导到全身。在体表，按一定的引导方法，把这些电位变化记录下来，所得到的图形就称为心电图。心电图对心搏起点的分析、传导功能的判断及房室肥大、心肌损伤的诊断很有价值。

【实验对象】　人。

【实验药品与器材】　酒精，棉球，WebChart-400 人体生理学实验系统，BL-420F 生物机能实验系统。

【实验方法与步骤】

1. 心电图记录的操作步骤

（1）启动电脑，打开 WebChart-400 人体生理学实验系统。

（2）令受试者放松肌肉静卧于检查床上，手腕、足踝及胸前区皮肤用酒精去脂，按照 WebChart-400 人体生理学实验系统提示将引导电极与 BL-420S 生物机能实验系统相连，导联线另一端与被测试者相连。必要时可在电极下部涂少许导电膏，以确保导电良好。导联线的连接方法分别是右手腕—红色；左手腕—黄色；左脚踝—绿色；右脚踝—黑色。胸导联 V_1—红色；V_2—黄色；V_3—绿色；V_4—棕色；V_5—黑色；V_6—紫色；胸导联电极安装位置：V_1，胸骨右缘第 4 肋间；V_2，胸骨左缘第 4 肋间；V_3，V_2 与 V_4 连线的中点；V_4，左锁骨中线第 5 肋间；V_5，左腋前线第 5 肋间；V_6，左腋中线第 5 肋间。胸导联电极连接位置如图 2-4 所示。

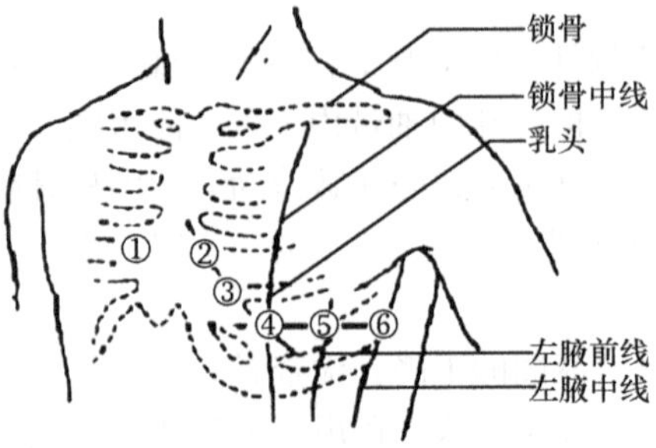

图 2-4 胸导联电极安放示意图

①～⑥分别代表 V_1～V_6 导联所在部位

2. 常用的心电图导联

（1）标准导联：导联的两个电极放置在肢体上。Ⅰ导联为右臂—左臂，Ⅱ导联为右臂—左足，Ⅲ导联为左臂—左足。

（2）加压单极肢体导联：将引导电极置于某肢体上，而将另一电极接至“中心电站”，并撤去该肢体与“中心电站”的连线。aVR：引导电极放置于右臂，aVL：引导电极放置于左臂。aVF：引导电极放置于左足。

（3）单极胸导联：引导电极放置于胸前壁，另一电极连至“中心电站”。常用的有 V_1～V_6 导联。

3. 调节人体实验系统放大器放大倍数，使 1mV 标准电压推动描记笔向上移 10mm，即 1mm=0.1mV。然后依次旋转仪器旋钮记Ⅰ、Ⅱ、Ⅲ、aVR、aVL、aVF、V_1、V_3、V_5 导联的心电图。

4. 心电图测量与分析

（1）波幅：当定标电压为 1mV =10mm 时，纵坐标每一小格（1mm）代表 0.1mV。测量时，凡向上的波形，应从基线的上缘测量至波顶的峰点；凡向下的波形，应从基线的下缘测量至波谷的底点。

（2）时间：记录纸速一般采用 25mm/s，此时记录纸横坐标的每一小格（1mm）代表 0.04 秒。

（3）辨认心电图的 P 波、QRS 波、T 波和 P-R 间期、Q-T 间期，如图 2-5 所示，并进行下列项目的分析。

（4）心率的测定：测量相邻两个心动周期中的 P 波与 P 波或 R 波与 R 波的间隔时间，依下列公式求出心率。

心率=60/P-P 或 R-R 间隔时间（秒）

（5）心律的分析：包括主导节律的判定，心律是否规则整齐以及有无期前收缩或异位节律出现。

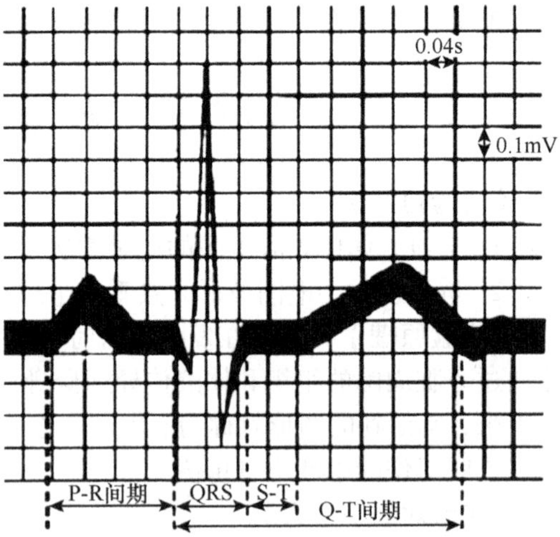

图 2-5 心电图各波的测量

窦性心律表现为：P 波在Ⅱ导联直立，aVR 导联中倒置；P-R 间期≥0.12 秒。如果心电图中最大的 P-P 间隔和最小的 P-P 间隔时间相差大于 0.12 秒，称为窦性心律不齐。成人正常窦性心律的心率为 60～100 次/分。

【注意事项】

1. 令受试者放松肌肉，以免肌电干扰。

2. 正确安装导联，确保导联的电极均与皮肤接触良好。

【思考题】

1. 什么是心电图？其记录原理是什么？

2. 试述心电图各波的生理意义及正常值。

实验十一　人体肺通气功能测定

【实验目的】

1. 掌握人体肺通气量的测定方法。

2. 了解评价肺通气功能各项指标的正常值。

【实验原理】　肺的主要功能是进行气体交换，肺内气体与外界大气不断进行交换，吸入氧气、排出二氧化碳，以维持新陈代谢的正常进行。肺通气量反映肺通气活动的状况，肺通气功能测定可作为衡量正常人肺功能的指标之一，对基础医学研究和临床治疗都具有非常重要的意义。

【实验对象】　人。

【实验药品与器材】　酒精棉球、吹嘴、WebChart-400 人体生理学实验系统，BL-420F 生物机能实验系统。

【实验方法与步骤】

1. 测量前准备　打开电脑，开启桌面上的 WebChart-400 人体生理学实验系统，将人体肺通气换能器与 BL-420S 生物机能实验系统信号输入 1 通道相连。受试者拿一个消毒好的吹嘴，将吹嘴与人体肺通气换能器相连。学习正确使用吹嘴呼吸，将吹嘴紧贴嘴唇，吹嘴与嘴唇之间不能留有空隙，并用另一手捏住鼻翼两侧，务必使呼出气体完全从吹嘴流出。受试者保持站立姿势开始测试。

2. 肺通气功能测量

（1）潮气量：测量并记录一次平静呼吸时吸入或呼出的气体容量，此时所描记吸入或呼出曲线的幅值即为潮气量。重复测量 3 次，取其平均值。

（2）补吸气量：测量并记录在一次平静吸气之后再用力吸气所吸入的气体容量，平静吸气末以后描记曲线的幅值即为补吸气量。重复测量 3 次，取其平均值。

（3）补呼气量：测量并记录在一次平静呼气之后再用力呼气所呼出的气体容量，平静呼气末以后描记曲线的幅值即为补呼气量。重复测量 3 次，取其平均值。

（4）肺活量：测量并记录在一次深吸气后再尽最大力量呼气所能呼出的最大呼气容量，此时描记曲线上下幅值之差即为肺活量。重复测量 3 次，取其平均值。

（5）时间肺活量：受试者在最大限度吸气末屏气 1～2 秒后，以最快速度呼气，直到不能呼出为止，系统即可计算出第 1 秒、第 2 秒和第 3 秒内所呼出的气体占全部呼出量的百分比，即时间肺活量。

3. 实验结束后，保存记录每位受试者的数据并加以分析。

【注意事项】

1. 每项内容测试前需练习两三次，以确保测定成功。

2. 注意对吹嘴进行消毒，使用前后分开放置，不能混淆，每位同学使用一个，不能混用。

【思考题】

为什么时间肺活量能更好地反映肺通气功能？

实验十二　离体小肠平滑肌灌流实验

【实验目的】

1. 观察哺乳动物离体消化道平滑肌的一般特性。

2. 学习哺乳类动物离体器官灌流的方法。

3. 了解某些药物对离体小肠平滑肌活动的影响。

【实验原理】 消化管、血管、子宫、输尿管、输卵管及输精管等管壁均由平滑肌组成。平滑肌的特性与骨骼肌不同，它具有自动节律性、较大的伸展性、对化学物质和温度改变及牵张刺激较为敏感等特点。这些特性对于维持消化管腔内一定的压力、保持胃肠的正常形态和位置、完成对食物的消化吸收功能以及抵御内环境的异常变化具有重要的生理意义。本实验将观察温度、氧供的变化以及神经递质和化学药品对离体平滑肌生理特性的影响。

【实验动物】 家兔（禁食 24 小时，自由饮水）。

【实验药品与器材】 20%氨基甲酸乙酯，生理盐水，恒温平滑肌实验系统，张力换能器，大试管，滴管，台氏液，1∶10 000 肾上腺素溶液，1∶10 000 乙酰胆碱溶液，阿托品，1%酚妥拉明，1%氯化钙，哺乳动物手术器械 1 套，BL-420F 生物机能实验系统，纱布，细线，小烧杯，温度计。

【实验方法与步骤】

1. 恒温平滑肌实验系统的准备　分别于药液管、预热管中加入 3/4 量台式液，于水浴槽中加入 3/4 量去离子水（达药液管液面）。操作恒温仪面板触摸按钮设置水浴槽温度为 38℃（此温度为水浴槽中加热管旁的水温，与药液管内温度相差 1～2℃），用温度计检测药液管内的温度稳定为 37℃后打开供氧开关，药液管内即可产生空气气泡供氧，调节供氧按钮确保气泡一个接一个冒出，但又不会导致管内液体震动而影响实验结果的真实性。仪器的背面或右侧面有相应的液体流出管，控制开关可更换液体。

2. 标本制备（参见第一章“离体小肠平滑肌标本制备”）

3. 标本的固定与记录　实验时取一段肠段标本，将标本一端的结扎线系于药液管的标本钩上，另一端的结扎线垂直连接于张力传感器上，调节换能器的高度，使标本与换能器的连线松紧适当，正好悬在药液管中央，避免连线或肠管与药液管的管壁接触，以免摩擦而影响记录效果。将张力换能器连接至 BL-420F 生物机能实验系统，记录数据。

【实验项目】

1. 观察和记录正常的离体小肠平滑肌在台氏液中 37℃时的蠕动曲线 3～5 分钟，应注意观察其紧张性（基线的高度）、收缩幅度和蠕动频率等指标。

2. 在药液管的台式液中加入 1∶10 000 肾上腺素 1～2 滴，观察和记录肠段运动的变化。待作用出现后，立即从与中心管相连的侧管放出含有肾上腺素的台氏液，立即倒入预先准备好的 37℃左右的新鲜台氏液，如此反复更换浴槽中心管内的台氏液 2～3 次，以进行稀释和洗涤，观察小肠的蠕动是否恢复。加药和换液时需在加注窗口中写上适当的注解。以后的每个实验步骤中都要加上适当的标注，以利于实验结束后数据的统计和分析。

3. 待肠段恢复正常活动后，在台氏液中加入 1∶10 000 乙酰胆碱 1～2 滴，观察和记录肠段运动的变化。待作用出现后，立即更换台氏液。

4. 在台氏液中加入 1∶10 000 阿托品 2～4 滴，2 分钟后不换液，再加入 1∶10 000 乙酰胆碱 1～2 滴，观察和记录其对肠段运动的影响。与实验项目 3 进行比较，冲洗方法同上。

5. 在台氏液中加入 1%酚妥拉明 3～4 滴，2 分钟后不换液，再加入 1∶10 000 肾上腺素 1～2 滴，观察和记录其对肠段运动的影响。与实验项目 2 进行比较，冲洗方法同上。

6. 在台氏液中加入 1%氯化钙溶液 1～2 滴，观察和记录其对肠段运动的影响。待作用明显后，立即更换台氏液。

7. 将药液管中的台式液全部换成 25℃（室温）台式液，观察小肠平滑肌收缩活动的变化，然后逐步加温至 38℃，观察小肠平滑肌收缩活动的变化。

【注意事项】

1. 肠段标本与张力换能器之间的连线要与水平面保持垂直，松紧适当，并且使之不与浴槽壁相摩擦。观察肠段运动方向与计算机屏幕上的记录曲线是否一致，即收缩时，曲线上升；舒张时，曲线下降。否则，可将张力换能器旋转 180°。

2. 在加药前，必须先准备好更换用的 38℃台氏液。

3. 每次加药出现效果后，必须立即更换浴槽内的台氏液，待肠段恢复正常活动后再观察下一个项目。

【思考题】

1. 有一未知药液加入麦氏浴槽的中央管内，可引起平滑肌收缩幅度加大，基线升高，如果事先加入阿托品，再加入此药液，平滑肌基本上无反应，设想此药液中可能含有什么物质？

2. 试比较维持哺乳动物离体小肠平滑肌活动和维持离体蛙心活动所需的实验条件有何不同？为什么会有不同？

3. 乙酰胆碱对消化道平滑肌和对心肌的作用有何不同？

实验十三 视力、色盲和瞳孔对光反射检查

【实验目的】

1. 学习使用视力表测定视敏度（视力）。
2. 学习使用色盲图检查色觉异常的方法。
3. 学习盲点的测试方法，证明盲点的存在及其位置和范围。
4. 观察人眼视近物时晶状体曲率变化的规律。
5. 直接观察人看近物时瞳孔的调节反射及对光反射。

【实验原理】 眼睛能分辨两点间最小距离的能力称为视敏度（视力），眼能分辨的两点最小距离决定于这两点在视网膜形成的像必须兴奋两个感光细胞。因此，这个距离相当于视网膜中央凹处一个视锥细胞的平均直径。目前多以在距离 5m 远能分辨物体上两点间最小距离为衡量标准。一般规定，当视角为 1 分角时，能辨别两可视点或看清细致形象的视力为正常视力。当视角为 1 分时，视网膜上的物像两点之间的距离为 5μm，稍大于一个视锥细胞的平均直径（2～6μm，中央凹处最小的视锥细胞直径 1.5μm），此时两点间刚好隔着一个未被兴奋的视锥细胞。于是，冲动传入中枢后可形成两点分开的感觉，视力表就是依据视角的原理制成的。

视网膜的视锥细胞含不同的感光色素，因而分别对红、绿、蓝三种颜色的光波敏感。当三种细胞都兴奋时，得到的感光是白色，当受到各种不同波长的光线刺激时可发生不同程度的兴奋，从而可分辨至少 150 种不同的颜色，称为三原色学说。如果缺乏这三种感光细胞的任何一种，称为色盲。

人眼视近物时，发生视近调节反射。视近调节反射包括瞳孔缩小、视轴会聚和晶状体前凸。瞳孔缩小和视轴会聚都很容易观察。瞳孔对光反射是瞳孔可根据光线的强弱缩小和扩大，以调节进入眼内光线的数量，瞳孔对光反射的中枢在中脑，瞳孔对光反射的特点有 3 个：潜伏期长、双侧性和适应性。

【实验对象】 人。

【实验药品与器材】 标准视力表、指示棒、米尺、遮眼罩、色盲检查图、手电筒、遮光板。

【实验项目与步骤】

（一）视敏度测定

1. 视力表挂在光线充足而均匀的墙上，高度与受试者头部相当。

2. 受试着站在离视力表 5m 远处，用遮眼罩罩住一只眼，测定另一只眼的视力。按实验者的指点说出图形缺口的方向，由大到小，直到完全不能辨别。受试者能看清楚的最小图形旁的数字即为受试者的视力。

3. 用同样的方法测试另一只眼。

（二）色盲检查

在明亮而均匀的自然光线下，检查者逐页翻开色盲检查图，受试者应尽可能快地说出图上的图形或数字。每次时间不应超过 30 秒。当出现错误时翻阅色盲图中的说明，查出受试者属于哪类色盲。

（三）瞳孔调节反射和瞳孔对光反射

1. 让受试者看远物，观察受试者的双侧瞳孔是否等大，瞳孔边缘是否整齐、是否为正圆形。

2. 让受试者注射指示棒，将一指示棒由远移近，观察受试者瞳孔直径有无变化，双眼瞳孔是否向鼻侧靠近。

3. 在光线较暗处，用遮光板在鼻梁上遮住一侧眼，用手电筒照射一侧眼，观察两侧瞳孔是否同时缩小。

4. 多次照射瞳孔，观察瞳孔缩小的程度是否减小，瞳孔缩小的潜伏期是否变化。

【注意事项】

1. 视力表处光线要充足，应避免炫目光线。

2. 受试者与视力表的距离要准确。

3. 检查时从上到下，遇到不易辨别时多重复几次，以确定是否能看清。

4. 屈光不正的患者喜眯眼视物，在检查视力时应予阻止眯眼，否则不能反映其实际视力。

5. 用手电筒照射受检者时，手电筒光线应该从颞侧向鼻侧扫入。不允许用手电筒持续照射受检者眼睛。

【思考题】

1. 测定视力有何生理及临床意义？

2. 如果瞳孔不等大或瞳孔对光反射不存在，说明什么问题？

3. 何谓眼的调节反射？它是怎样引起的？

实验十四　声音的传导途径

【实验目的】

1. 熟悉声音的气传导和骨传导的途径，比较两种传导途径的特点和功效。

2. 学习检查骨传导和气传导的方法，比较两种传导的异同，学习鉴别听力障碍的方法。

【实验原理】　声波传导进入内耳有两个传导途径：一是气传导，声波经外耳、鼓膜、听骨链、卵圆窗（前庭窗）进入内耳；二是骨传导，声波直接作用于颅骨、耳蜗骨壁，引起位于颞骨骨质中的耳蜗内淋巴的震动。正常人气传导效率远远大于骨传导。如果一个人的骨传导效率大于气传导，预示传音系统有障碍，多为传导性耳聋。如果一个人气传导和骨传导都明显下降，但仍然是气传导效率大于骨传导，那可能是神经性耳聋。

【实验对象】 人。

【实验药品与器材】 音叉（频率为256Hz或512Hz）、棉球。

【实验项目与步骤】 （表2-3）

1. 比较同侧耳的气传导和骨传导（任内试验）

（1）室内保持安静，患者取坐位，实验者拨动音叉，将音叉柄置于受试者一侧颞骨乳突部。此时，受试者可听到音叉振动声。随后，声音逐渐减弱，当受试者听不到声音时，立即将音叉移至外耳道口，受试者又可重新听到声音。反之，如果将振动的音叉先置于外耳道口，待听不到声音后再将音叉柄立即移到颞骨乳突部，受试者仍然听不到声音，说明正常人气传导时间比骨传导时间长，临床上称为任内试验阳性。

（2）用棉球塞住同侧外耳道（模拟气传导障碍），重复上述步骤，则气传导时间短于骨传导时间，临床上称为任内试验阴性。

2. 比较两耳骨传导（魏伯试验）

（1）将拨响的音叉柄置于受试者前额正中发际处，比较双耳听到的声音强度是否相等。正常人两耳感音机能基本一致，而且测试声波传向两耳途径相同、距离相等，因此所感受到的声音强度应该基本相等。

（2）用棉球塞住一侧耳孔，重复上述操作，询问其何侧声音较强（应偏向塞棉球侧）。

（3）根据上述实验现象，考虑如何鉴别传导性耳聋与神经性耳聋。

表2-3　声音的传导途径实验总结表

试验	正常耳	传导性耳聋	感音性耳聋
任内试验（气骨导差值试验）	阳性（气导＞骨导）	阴性（气导＜骨导）	阳性或测不到（气导＞骨导）
魏伯实验（骨导偏向试验）	居中（两耳声音响度相等）	偏向患侧	偏向健侧

【注意事项】

1. 振动音叉时可用手指拨响，或用手掌或橡皮锤敲击，切忌在坚硬物体上敲击，以免损坏音叉。

2. 只能用手指拨音叉柄。音叉两臂避免与皮肤、毛发、衣服等物接触，以免影响振动幅度。

3. 音叉移至外耳道口时，应使音叉振动臂正对外耳道，一般以相距2cm为宜。

4. 室内必须保持安静，以免影响测试效果。

【思考题】

1. 正常人声波传导的主要途径是什么？为何气传导功效远高于骨传导？

2. 如何通过任内试验和魏伯试验鉴别传导性耳聋和神经性耳聋？

第三章　病理生理学实验

实验一　家兔高钾血症及抢救

【实验目的】

1. 掌握家兔高钾血症模型的复制及抢救的方法。

2. 观察高钾血症及抢救后的心电图变化。

3. 分析高血钾引起心电异常的机制。

【实验原理】　K^+是人体内重要的电解质之一，是维持细胞内外酸碱平衡、渗透压平衡和神经肌肉电生理特性的重要离子。正常血清K^+浓度保持在3.5～5.5mmol/L，当K^+浓度大于5.5mmol/L时称为高钾血症。高钾血症对机体的影响首先表现为心脏毒性，使心肌的兴奋性先升高后降低，传导性、自律性和收缩性都下降，心电图显示特点：T波高尖，P波和QRS波波幅降低，间期增宽，P-R间期延长，ST段压低，S波加深。

对于高钾血症的抢救主要采用注射Na^+、Ca^{2+}溶液和胰岛素、葡萄糖溶液，一方面对抗高血钾的心肌毒性作用，同时促进K^+移入细胞内，降低血中K^+浓度。本实验通过静脉注射氯化钙溶液可纠正家兔高钾血症，使心电图恢复正常。

【实验对象】　家兔（体重2～2.5kg，雌雄不限）。

【实验药品与器材】　兔手术台，动物秤，手术器械1套，BL-420F生物机能实验系统，心电记录电极，电解质分析仪，5ml、10ml注射器各1个，静脉输液装置1套，小儿头皮针，动脉插管1套，20%氨基甲酸乙酯，4%氯化钾溶液，5%氯化钙溶液，0.9%氯化钠溶液。

【实验方法与步骤】

1. 麻醉固定　取家兔称重，耳缘静脉插入头皮针固定以备给药，将20%氨基甲酸乙酯4ml/kg由头皮针缓慢推注麻醉，待家兔角膜反射消失后将其以仰卧位固定于手术台上。将输液装置连接0.9%氯化钠溶液，滴速调慢，保持输液通道通畅即可。

2. 颈总动脉插管　在颈部正中做6～8cm手术切口，切开皮下肌肉，分离左侧颈总动脉，进行动脉插管，取血1ml至小试管，用电解质分析仪测定实验前的血浆钾浓度。

3. 记录心电图　将针形电极分别插入家兔四肢皮下，并连接BL-420F生物机能实验系统，红色连右前肢，黑色连右后肢，黄色连左后肢，绿色连左后肢，描记正常心电图。

4. 观察指标　精神神经状态（兴奋、躁动、昏迷、痉挛），呼吸情况（频率、幅度、节律），心电图变化，血钾浓度。

【实验项目】

1. 自身对照，记录观察指标（表3-1），测定血钾浓度。

2. 造成高钾血症及抢救　待心电曲线平稳后，将输液装置连接4%氯化钾溶液，以每分钟15～20滴为宜，注意观察心电曲线的变化，20～30分钟后如仍没有改变，可加快滴注速度。并取动脉血1ml测定血钾浓度。

3. 如心电图出现P波低平、增宽，QRS波群压低变宽，高尖T波等改变，立即停止滴注，立即用5%氯化钙溶液按2ml/kg体重通过头皮针注射。观察心电图变化。

表 3-1　实验结果

实验项目	精神状态	呼吸情况	心电图变化	血钾浓度
实验前				
4%氯化钾溶液				
5%氯化钙溶液				

【注意事项】

1. 麻醉要适度，过深抑制呼吸，过浅时家兔疼痛则易引起肌颤，干扰心电图波形。

2. 刺入家兔四肢皮下的针形电极深度要适宜，不能插入到肌肉中；记录心电图时，不要触摸动物。

3. 严格控制好氯化钾溶液滴注的速度，以防过量导致家兔过早死亡。

4. 滴注氯化钾溶液时要时刻关注心电曲线，出现特征性异常即停止输液，给予氯化钙抢救时要及时，但是速度宜慢，否则极易造成高血钙引起动物猝死。

【思考题】

1. 出现高钾血症时心电图会出现哪些变化？

2. 高钾血症对心肌会产生哪些影响？机制如何？怎样进行治疗？

实验二　家兔实验性肺水肿

【实验目的】

1. 学习急性实验肺水肿动物模型的复制方法。

2. 通过复制家兔实验性急性肺水肿模型，观察肺水肿的临床表现，分析肺水肿的发病机制和治疗措施。

【实验原理】　水肿是指组织间隙内的体液增多。肺间质有过量液体积聚和（或）溢入肺泡腔内，称为肺水肿。引起肺水肿最常见的原因是左心室心力衰竭。水肿液积聚于肺泡腔内，使肺肿胀有弹性，质变实，重量比正常增加 2～3 倍。急性肺水肿常突然发生甚至呈暴发性，多因输液过快或过量、急性心肌梗死、慢性心力衰竭的急性恶化而引起。本实验通过快速、大量地给予肾上腺素，使动物在短时间内心肌收缩力急剧增强，皮肤、黏膜及内脏血管平滑肌强烈收缩，血液重新分布，回心血量急剧增加，血液由体循环大量转入肺循环，使肺血管容量急剧增多，肺毛细血管内流体静压急剧升高，并引起肺微血管内皮细胞受牵拉、细胞连接部开裂、微血管通透性过度增加，最终发生急性肺水肿。

【实验对象】　健康家兔，体重 2～3kg。

【实验药品与器材】　兔手术台、动物常用手术器械 1 套、Y 形气管插管、橡皮管、细塑料管、纱布、棉线、注射器（1ml、5ml）及针头各 1 具、听诊器、电子秤、动脉夹、静脉导管、输液装置、20%氨基甲酸乙酯、生理盐水、0.1%肾上腺素溶液、0.5%山莨菪碱溶液、BL-420F 生物机能实验系统。

【实验方法与步骤】

1. 取正常家兔 3 只，称重并编号为甲、乙、丙兔，分别进行颈部手术后给药观察（可以每组只做一只家兔，最后综合全班各组结果进行比较）。

2. 麻醉固定　取家兔一只，称体重，用 20%氨基甲酸乙酯 4ml/kg 由家兔耳缘静脉缓慢注入，将动物麻醉后将其以仰卧位固定于手术台上。

3. 气管插管　剪去颈部兔毛，沿颈部正中做6～8cm皮肤切口，分离皮下结缔组织，钝性分离颈部肌肉，暴露气管，在气管下方穿入一根粗丝线以备结扎用，在气管上方正中做倒“T”形切口，注意先横剪一刀，再向上方剪开，将气管插管向心脏方向插入，用棉线结扎固定于Y形管上，将气管一端与呼吸换能器相连。启动BL-420F生物机能实验系统，点击“实验软件”→“实验菜单”→“病理生理学实验”→“呼吸运动的影响因素和急性呼吸功能不全”，点击进入实验界面，在电脑屏幕上调整呼吸波形，记录呼吸频率和幅度。

4. 颈外静脉插管　在一侧皮下找到颈外静脉并分离2cm。在该静脉下穿2根丝线，提起颈外静脉近心端，待静脉充盈后结扎其远心端，在远心端靠近结扎线处剪一“V”形小口，向近心端方向插入连于输液装置的充满生理盐水的静脉导管，结扎固定后，打开静脉输液装置，缓慢输入生理盐水（5～10滴/分），以保持静脉通畅。

【实验项目】

1. 观察正常的呼吸（频率、幅度），描记每组家兔正常呼吸曲线，并听诊肺部呼吸音。

2. 给药

1）大量快速输液：给三只家兔分别大量快速静脉输入37℃生理盐水，输入液体总量按100ml/kg计，输液速度为160～180滴/分。

2）甲兔（实验组）：待输液将要结束时（大约留有10ml生理盐水），停止滴注，推注0.1%肾上腺素注射液（0.5ml/kg）后继续滴注剩余的盐水。

3）乙兔（治疗组）：推注肾上腺素同甲组，待推注肾上腺素后立即按20mg/kg的量加输0.5%山莨菪碱注射液，然后继续滴注剩余的盐水。

4）丙兔（对照组）：只进行上述步骤1）。

3. 观察指标　①要求在滴注液体的过程中不时用听诊器听取肺底部有无湿啰音、水泡音的出现，记录出现时间；并密切观察呼吸及一般情况的改变。②观察呼吸频率、幅度的改变，有无呼吸困难、发绀。③气管插管中有无粉红色泡沫样液体溢出。④皮肤、黏膜颜色等。

4. 打开胸腔，取出肺脏　死亡动物记录死亡时间和体重。存活动物出现肺水肿后即可夹闭气管，处死动物并称重。分别解剖家兔尸体，剪开胸前壁，尽量在靠近肺门的气管分叉处结扎气管，在结扎处上方剪断气管，小心分离出肺脏，观察并比较三只家兔的肺大小形态，将肺表面水分用滤纸吸去后准确称重，计算各家兔的肺系数（正常肺系数为4.2～5）。切开肺叶，观察肺切面的改变，挤压肺组织，观察切面有无泡沫样液体流出。

5. 将计算数据和观察的实验结果填入表3-2。

6. 根据公式计算出动物的肺系数：肺系数=肺重量（g）/肺体重（kg）

表3-2　家兔实验性肺水肿结果记录表

家兔	体重（kg）	呼吸（频率、幅度）	肺啰音	气管溢出物	肺系数	肺大体观
甲兔						
乙兔						
丙兔						

【注意事项】

1. 忌用实验前已有明显肺部异常征象（如啰音、喘息、气促等）或体弱、怀孕的动物，否则将影响实验结果的可靠性。

2. 三只家兔的输液速度应基本一致，输液速度不宜太快，并严格控制输液量。

3. 在第一次使用肾上腺素后肺水肿现象不明显者，可重复使用，两次给药应间隔10～15

分钟，不宜过频。

4. 解剖取出肺组织时，注意勿损伤肺表面和挤压肺组织，防止水肿液流出，影响肺系数的准确性。

【思考题】

1. 肾上腺素导致肺水肿的机制是什么？

2. 形成肺水肿的动物肺脏大体观察有什么不同？肺系数有何差异？为什么？

3. 根据实验结果，联系理论知识，分析肺水肿发生机制和病理生理变化过程，其治疗原则是什么？

4. 临床上最常见的引起肺水肿的疾病有哪些？其病理生理变化过程有何特点？

5. 临床急性肺水肿的主要预防措施有哪些？一旦发生了，应该如何急救？

实验三　缺氧及影响缺氧耐受性的因素

【实验目的】

1. 学习复制动物缺氧病理模型的方法，掌握不同缺氧类型主要的发病原因和机制。

2. 观察不同类型缺氧时呼吸、皮肤黏膜颜色、活动及氧分压的改变。

3. 了解机体功能、代谢特点与缺氧对机体影响的关系。

【实验原理】

不同的缺氧条件均可造成动物的缺氧状态，并表现出相应的机能代谢改变。但动物的不同年龄、不同机能状态，对缺氧的耐受能力也不尽相同。

【实验对象】

1. 体重相近的小鼠 6 只。

2. 新生幼鼠 1 只。

【实验药品与器材】　钠石灰、玻璃珠、3.8%枸橼酸钠溶液、CO、2%亚硝酸钠、蒸馏水、测氧仪、天平、手术器械 1 套、试管、5ml 注射器、青霉素小瓶、广口瓶、三角烧瓶。

【实验项目、步骤与观察指标】

1. 年龄因素对缺氧耐受性的影响

（1）取新生幼鼠 1 只，放入青霉素小瓶内（瓶口塞以少量棉花以免成年鼠伤害），然后将其与成年鼠一起放入广口瓶内，观察动物一般状况。

（2）密闭瓶塞，记录时间，观察两鼠状况。

（3）记录两鼠死亡时间。注意，当其中一只小鼠死亡后，不能揭开瓶盖；如另一鼠至各项实验结束时仍未死亡，实验也应终止。

2. 低张性缺氧实验

（1）用天平称重小鼠，取体重相近的 2 只小鼠（体重相差<1g），分别投入钠石灰瓶（A）和玻璃珠瓶（B）内，在观察它们一般的活动状况后，同时密闭两只玻璃瓶，并开始计时。观察过程中必须经常注意瓶子的密闭性。

【观察要点】　两鼠在瓶内的活动度、呼吸、皮肤黏膜的颜色等变化，每 3 分钟记录一次，在其中一只小鼠死亡时，记录死亡时间，并按以下步骤操作。

（2）用测氧仪测定两个瓶子中的氧分压。

（3）尸检：当两只小鼠都死亡后，取其中 1 只小鼠，打开胸腔，观察内脏颜色并与以下各项实验后小鼠尸检作比较。

开胸后，剪破心脏，用吸管滴入 2 滴 3.8%枸橼酸钠溶液，迅速混匀，取出 2 滴抗凝血，滴入盛有 5ml 蒸馏水的试管内，立即用软木塞盖紧，摇匀，观察试管内溶液的颜色，并与以下各项实验后制备的同种溶液作比较。

注：以下每个实验都有“尸检”这一步，以便比较不同原因所致缺氧时血液颜色的差异。所以，每次取血都应该尽量做到操作的“标准化”，如加入枸橼酸钠溶液的量和吸取抗凝血的量（2 滴，滴管口径粗细不同，2 滴血液量多少可有明显差异）等。另外，放入血液的蒸馏水试管应立即用软木塞盖紧。

3. CO 中毒

（1）取 1 只小鼠观察其正常时的活动、腹式呼吸的频率等。

（2）将小鼠放入烧瓶内，瓶内放入通入 CO 的装置，通入 CO 的玻璃管插入盛水的试管内，以试管内水中放出的气泡数调节通气量，气泡产生速度控制在 10 个/分左右，通气速度过快，可使小鼠所在三角量烧瓶内的 CO 浓度迅速增高，使动物迅速死亡而导致血液颜色未能发生明显变化。记录通气时间和速度，观察实验小鼠一般状况的变化，直至死亡，再记录时间。

（3）观察记录死亡小鼠尾巴、耳朵、口唇颜色的改变。

（4）尸检（方法同实验第 2 项），并与其他实验动物比较。

4. 亚硝酸钠中毒

（1）取 1 只小鼠，称重，观察其一般状况。

（2）皮下注射 2%亚硝酸钠，用量为 0.35ml/10g 体重，记录时间。

（3）观察实验小鼠一般状况的改变，直至死亡，记录时间。

（4）尸检（方法同实验第 2 项），并与其他实验动物比较。

【注意事项】

1. 实验 1、2 所用广口瓶的容量应一致，瓶口须能密闭不漏气，以防因瓶内空间容积不同和漏气影响实验结果。

2. 记录时间要准确，以同一只钟表上的时间读数为准，以便进行实验结果分析。

3. CO 有毒，应防止其过度溢出。

4. 要认真仔细观察小鼠的活动情况，呼吸深度和口唇、耳、尾皮肤黏膜颜色的变化。

5. 在血液颜色的对比观察时，试管应事先编号，以免搞错。另外，心脏取血的量要尽可能一致，否则造成溶液颜色对比性下降。

【思考题】

1. 不同年龄动物对缺氧耐受性有何不同？分析其原因。

2. 本实验中各种类型缺氧的原因和发病机制是什么？

3. 各种缺氧时，小鼠口唇黏膜、耳、尾及血液颜色的改变为何不同？

4. 如果发生煤气中毒，对中毒者进行早期抢救处理时应注意什么？

5. 亚硝酸钠中毒引起缺氧时，有哪些具有针对性的抢救治疗措施？

实验四　弥散性血管内凝血（DIC）

【实验目的】

1. 掌握复制急性实验性 DIC 动物模型的方法。

2. 测定几项血液学指标，观察 DIC 时血液凝固性变化，并分析这些变化的原因和急性 DIC 的发病机制。

3. 了解急性DIC的实验室检查方法。

【实验原理】 DIC是指在某些致病因子作用下，大量促凝物质入血，导致凝血因子和血小板被激活，引起血管内微血栓形成，同时或继发纤溶亢进，从而出现器官功能障碍的病理过程。在DIC发生发展过程中，各种凝血因子和血小板因大量消耗而明显减少，纤维蛋白降解产物（FDP）增多，引起出血和器官功能障碍。

【实验药品与器材】 电热恒温水箱、分光光度计、离心机、显微镜、血细胞计数板、兔解剖台、哺乳类动物手术器械、秒表、小试管架、12mm×75mm和12mm×100mm试管、刻度离心管、0.5ml吸管、血红蛋白吸管、药物天平、1.5mm外径硅胶管。4%兔脑粉生理盐水浸液、K试液、P试液、1%硫酸鱼精蛋白液、0.025mol/L氯化钙溶液、血小板稀释液、20%氨基甲酸乙酯溶液、3.8%枸橼酸钠溶液、生理盐水、饱和氯化钠溶液、1%肝素。

【实验对象】 家兔，雌（未孕）、雄不拘，重2～2.5kg。

【实验方法与步骤】

1. 实验家兔1只，称重。用20%氨基甲酸乙酯溶液（5ml/kg）由耳缘静脉缓慢注入麻醉（每分钟不超过1ml）。麻醉后将动物仰卧固定于兔解剖台上，剪去颈部手术野的被毛，常规暴露一侧颈总动脉，插入颈动脉插管，作取血样本用。

2. 取4%兔脑粉生理盐水浸液，按2.0ml/kg体重计算，将总量用生理盐水稀释至15ml，由耳缘静脉注射（可用头皮静脉针），在15分钟内注完。其注入速度为1.0ml/min。

3. 对照家兔1只，先注射肝素（0.2ml/kg），15分钟后再注射4%兔脑粉生理盐水浸液。注入途径、总量、速率和取血样本时间等均与实验家兔相同。

4. 在注入兔脑粉浸液前15分钟、注入后10分钟（每隔10分钟）通过三通装置取血一滴，滴在干净玻片上，开始用秒表计时。每隔10秒钟用大头针朝一个方向挑拨载玻片上的血滴，待有明显丝状物出现时停止计时，记录凝血时间（CT）。

5. 在注入兔脑粉浸液前5分钟、注入后15分钟及45分钟，分别由颈总动脉取血样本一次（每次取血样前先废弃血液数滴），抗凝剂（3.8%枸橼酸钠溶液）与血液之比为1∶9（*V/V*），3000r/min，离心10分钟，获得含微量血小板的血浆并供以下实验项目测定之用。

6. 几项血液学检查项目

（1）白陶土部分凝血活酶时间（KPTT）测定

1）取被检血浆0.2ml，加入小试管内，置37℃水浴中，然后加入K试液0.2ml，混匀，孵育3分钟。

2）加入0.025mol/L氯化钙溶液0.2ml，同时开动秒表，10秒钟后将试管从水浴中取出，轻轻地倾斜45°，直至液体停止流动（呈胶冻状）或出现白色粗颗粒时，即为凝固终点。

3）重复操作2～3次，取平均值。

（2）凝血酶原时间（PT）测定

1）取被检血浆0.1ml，置于小试管中，放入37℃水浴中。

2）加入P试液0.2ml，开动秒表，观察方法同上，测定凝固时间。

3）重复操作2～3次，取平均值。正常值为11～14秒。

（3）凝血酶时间（TT）测定

1）取被检血浆0.2ml，置于小试管中，放入37℃水浴中。

2）加入适宜浓度的凝血酶悬液0.2ml，开动秒表，观察方法同上，测定凝固时间。

3）重复操作2～3次，取平均值。正常值为16～18秒。

（4）血浆鱼精蛋白副凝实验（3P实验）

1）取被检血浆0.45ml，置于小试管中。

2）加入1%硫酸鱼精蛋白液0.5ml，混匀，在室温下放置30分钟，于观察前轻轻摇动试管，有白色纤维或凝块为阳性，均匀混浊，无白色纤维者为阴性。

（5）纤维蛋白原定量（饱和盐水法）

1）取被检血浆0.5ml，置于12mm×100mm的试管中，加入饱和氯化钠溶液4.5ml，充分混匀，置37℃水浴中孵育3分钟，取出后再次混匀，用分光光度计比色，测定光密度。

2）以生理盐水代替饱和氯化钠溶液，进行同样操作，作为对照。

3）用对照管调零点，测出光密度（波长520nm），纤维蛋白原含量=（测定管光密度/0.5）×10。

（6）血小板记数（BPC）：吸取血小板稀释液0.38ml于一试管内，用血红蛋白吸管吸血20μl立即加入血小板稀释液内，充分摇匀后，用滴管将上述混悬液一小滴滴入计算室内，静置15分钟后，用高倍镜记数，数5个中方格内的血小板数×10^9/L即可。

7. 实验过程中密切观察家兔皮肤、黏膜出血情况（耳朵、口唇等）。

【注意事项】

1. 本实验中，兔脑粉浸液的制备及注射速度对实验成败影响很大。在注入兔脑粉浸液的过程中，密切观察动物的呼吸情况，必要时酌情调整注射速度。

2. 本实验中所用试剂、血浆样本及吸管较多，同一吸管只能吸取某一试剂或血浆样本，避免交叉使用。

3. 恒温水浴中的水温应维持在（37±0.5）℃。

4. 如室温较低（20℃以下），血浆放在37℃恒温水浴中保温1分钟。

附：

1. 适宜浓度的牛凝血酶悬液　将牛凝血酶悬液以正常人血浆作基质，将凝固时间调至15～18秒。

2. K试液　实验前将2%白陶土生理盐水悬液1份与兔脑磷脂悬液等量混合，作KPTT测定用。

3. P试液　实验前称取200mg兔脑粉，加入5ml生理盐水，重复混匀后放入37℃水浴中孵育1小时，在此过程中，间歇用玻棒搅拌3～4次，并颠倒混匀，然后离心（1000r/min）5分钟，吸取上清液，再加入等量的0.025mol/L氯化钙溶液，用前摇匀，作PT测定用。

4. 1%硫酸鱼精蛋白液　取硫酸鱼精蛋白1g，用生理盐水配制成100ml，再以2%碳酸钠溶液调pH至6.5，用滤纸过滤后，置普通冰箱保存备用（或用市售1%鱼精蛋白注射液）。

实验五　家兔失血性休克及抢救

【实验目的】

1. 掌握失血性休克动物模型的复制方法。

2. 观察失血性休克时机体的一般状态及呼吸、血压、心率、中心静脉压、尿量的变化，了解失血性休克的病理生理过程。

3. 了解失血性休克的抢救原则和抢救方法。

实验原理：失血性休克是临床上常见的急症，由于血容量减少，机体有效循环血量降低，从而使机体重要脏器血液灌流减少，而微血管的持续收缩与痉挛又加重了器官的缺血，使器官功能进一步发生障碍。本实验采用颈总动脉放血方法，造成机体有效循环血量减少，复制失血性休克。通过实验进一步了解失血性休克时心、肺、肾等器官的功能障碍，加深对失血性休克的认识。由于微循环障碍是失血性休克的基础，治疗的主要措施就是改善微循环灌流，因此实验中采用回输血液及输入生理盐水方法来改善微循环灌流状态，对失血性休克进行抢救。

【实验对象】 家兔。

【实验药品与器材】 常规手术器械，气管插管，动脉套管，动脉夹，婴儿秤，兔固定台，5ml、20ml、50ml 注射器，输液装置，BL-420F 生物机能实验系统，导尿管，压力换能器，压力定标装置，滤纸，烧杯，丝线，粗棉线。20%氨基甲酸乙酯，1%肝素，3.8%枸橼酸钠，生理盐水。

【实验方法与步骤】

1. 家兔称重后，自耳缘静脉注射 20%氨基甲酸乙酯（5ml/kg）进行全身麻醉，然后将家兔以仰卧位固定于兔手术台上。

2. 剪去颈部兔毛，沿甲状软骨下缘正中做长 6cm 的纵切口，用止血钳钝性分离气管、左侧颈总动脉及右侧颈浅静脉，在气管上做倒“T”字形切口，插入气管插管，用粗棉线结扎固定，然后与换能器和记录仪相连，描记呼吸曲线。

3. 自耳缘静脉输入 1%肝素 1ml/kg 抗凝后，用丝线结扎颈总动脉远心端，动脉夹夹闭近心端，插入充满枸橼酸钠的动脉套管结扎固定，将套管一端连于压力换能器上，经记录仪记录血压，另一端备放血用。

4. 输液装置内加入生理盐水 200ml，排净输液管道及水检压计内的气泡，结扎颈浅静脉远心端，插入与输液装置及水检压计相连的静脉插管，检查通畅后以 10～15 滴/分的速度缓慢输入生理盐水，以确保管道通畅。

5. 在耻骨联合上做腹部正中切口，长约 5cm，找出膀胱，排空尿液后，将膀胱从腹腔拉出，在背面膀胱三角区找出输尿管入口，分离双侧输尿管，插入细导尿管，记录每分钟尿液的滴数。

6. 打开 BL-420F 生物机能实验系统，选择实验项目“失血性休克及抢救”，稳定 5 分钟后，观察放血前动物的一般状态及血压、呼吸、中心静脉压、尿量的变化。

7. 打开颈总动脉套管的放血端，并与 50ml 注射器相连，使血液自颈总动脉流入注射器内，一直放血至血压为 40mmHg 时，调节注射器内放出的血量，使血压稳定在此水平。

8. 维持血压 40mmHg 20 分钟，观察注射器内血量的变化，记录失血期的各项生理指标（同步骤 6）。

9. 停止放血，倒掉输液瓶中剩余的生理盐水，将注射器内的血液加入到输液瓶中，快速从静脉输回放出的血液和生理盐水进行抢救，输血输液总量为 3 倍失血量，速度为 150 滴/分。

10. 输完血液及生理盐水后，观察动物一般状态及各项生理指标，评价抢救效果。

11. 若实验中实验小组较多，输液治疗组还可分为：与失血量等量的生理盐水＋失血全血＋去甲肾上腺素（0.75mg/kg）组，2 倍失血量生理盐水＋失血全血＋654-2（1mg/kg）组及失血全血治疗组。

【注意事项】

1. 本实验手术较多，要减少手术性出血。对部分项目（如输尿管插管），手术可少做或不做，以确保实验的成功。

2. 各导管和注射器要肝素化并注意导管畅通，随时缓慢推注，以防凝血。

3. 动脉插管前必须先向动物体内注射肝素，否则会造成插管内凝血，影响实验。

4. 静脉插管时要小心，防止插管穿破静脉壁进入胸腔或其他软组织。

5. 若做输尿管插管，输尿管插入后切忌扭曲和折叠，正常情况下，导管插入即有尿液滴出；如果导管通畅但无尿液滴出，可少量快速输液。

附

（一）复制失血性休克的 Lamson 法

本方法主要使用自动调节血压装置将血压控制在较低水平，既可消除动物失血后血压的代偿波动，又可减轻实验的工作量，因此其被广泛应用在失血性休克的动物实验中。具体方法：

1. 取 250ml 输液瓶，加入 100ml 生理盐水后，经三通管与动脉套管和颈动脉相连（动脉套管的另一端与记录仪相连记录血压）。

2. 将输液瓶悬挂在高于心脏 60cm 以上的位置，打开三通管放血，血液流入瓶内，待血压降至预定水平后，通过维持储血瓶悬挂高度使血压维持在预期水平。

3. 在实验中，如血压过低，则储血瓶内血液自动回输动物体内，使血压回升；若血压超过预定水平，则血液流入储血瓶，借此将血压维持在预定水平。

4. 低血压稳定时间依实验要求而定，一般控制在 20～60 分钟，该方法应使用肝素抗凝。

（二）肠系膜微循环观察方法

1. 动物称重麻醉后，将其以仰卧位固定于手术台上。剪去左腹部毛，在左腹直肌旁做 5cm 纵行腹部切口，钝性分离肌肉，打开腹腔，推开大网膜，找出一段游离度较大的小肠肠袢，轻轻从腹腔拉出，放置在微循环显微镜下的观察窗内进行观察。

2. 打开蠕动泵，以 K-H 液 37℃恒温灌流，灌流速度为 20～30 滴/分，在微循环显微镜下找出具有丰富微动脉和微静脉的视野进行观察。

3. 肠系膜微循环观察时，需观察的主要指标包括微血管形态、数目、口径、微血流流速、血细胞聚集及微血管出血，通过这些指标的综合分析来评价微循环的障碍程度。

【思考题】

1. 为什么在抢救失血性休克时其输液总量要明显多于失血量?

2. 在放血后维持血压时，为什么血压会出现明显波动?

3. 在失血性休克抢救中有部分动物死亡或抢救效果较差，为什么?

4. 本实验中各管道内最易发生凝血，当出现以上情况后应如何处理?

实验六　家兔酸碱平衡紊乱

【实验目的】

1. 复制实验性酸碱平衡紊乱的动物模型。

2. 观察动物的功能及血气指标的变化。

【实验原理】　采用静脉输入酸和碱的方法及夹闭动物气管插管的方法复制单纯性代谢性酸中毒和代谢性碱中毒及呼吸性酸中毒的动物模型，观察各种类型的酸碱平衡紊乱对呼吸功能的影响。

【实验动物】　家兔，体重 1.5～2.0kg。

【实验药品与器材】　4% $NaHCO_3$ 溶液，0.5mmol/L HCl 溶液，20%氨基甲酸乙酯溶液，生理盐水，0.7%肝素。兔手术台，电子称，血气分析仪，BL-420F 生物机能实验系统，手术器械，气管插管，连有三通的动脉插管、静脉插管各 1 个，输液架，输液装置 1 套，10ml、5ml 注射器各 2 支。

【实验方法与步骤】

1. 称重、麻醉和固定动物　家兔称重后，用 20%氨基甲酸乙酯溶液（5ml/kg）从耳缘静脉缓慢注入至家兔完全麻醉，将其固定于兔手术台上。

2. 分离气管和血管　剪去颈部及一侧腹股沟处的兔毛，颈前部手术，钝性分离出气管并行气管插管，用线固定好；同时分离一侧颈总动脉和另一侧颈外静脉并穿线备用；在腹股沟部位分离出一侧股动脉并穿线备用。

3. 动、静脉插管　先经耳缘静脉注入 1%肝素溶液 1ml/kg，动物全身肝素化。由颈总动脉插入动脉插管以记录血压变化；颈外静脉插入静脉插管并连接输液装置缓慢滴入生理盐水以保持管道通畅；结扎股动脉远心端，用动脉夹夹住股动脉近心端，并在动脉夹远侧血管下备结扎线，在近结扎处用眼科剪剪一小口插入动脉插管，并用结扎线固定。

4. 气管插管、颈总动脉插管分别通过压力换能器与 BL-420F 生物机能实验系统连接，记录一段正常的血压及呼吸，计数正常的呼吸频率。

5. 血气分析　打开股动脉的动脉夹，缓慢打开三通开关，弃去最先流出的 2、3 滴血液，然后立即将插管口直接对准电极板芯片的注血口，注入全血到标准刻度，盖上小盖，插入血气分析仪，进行血气分析。测定血液的 pH、PaO_2、$PaCO_2$、K^+、BE、SB、Na^+、Cl^-等，作为实验前对照。

6. 复制病理模型

（1）代谢性酸中毒：从颈外静脉缓慢注入 0.5mol/L HCl 2ml/kg，观察家兔的呼吸、血压变化，注射后 5 分钟内，按步骤 5 的方法采集血液标本，并测定血气指标变化。

（2）代谢性碱中毒：待家兔恢复正常后（15～20 分钟），从颈外静脉缓慢注入 4% $NaHCO_3$ 5ml/kg，以造成代谢性碱中毒，观察其血压、呼吸的变化。注射后 5 分钟内，按步骤 5 的方法采集血液标本，并测定血气指标变化。

（3）呼吸性酸中毒：待家兔恢复正常后（15～20 分钟），将兔气管插管的通气管用止血钳夹闭（开始时作不完全夹闭）1.5～2 分钟，观察其呼吸、血压的变化，并迅速按步骤 5 的方法经股动脉取血 0.5ml，测定其血气指标的变化。

【注意事项】　注射氨基甲酸乙酯、HCl、$NaHCO_3$时要缓慢，以防家兔死亡。

【思考题】

1. 复制的 3 种酸碱平衡紊乱模型其血气指标有何变化？

2. 为何出现此变化？

实验结果记录（表 3-3）：

表 3-3　酸碱平衡紊乱实验结果记录表

指标	正常对照	代谢性酸中毒		代谢性碱中毒		呼吸性酸中毒	
		实验前	实验后	实验前	实验后	实验前	实验后
呼吸（次/分）							
BP（mmHg）							
pH							
BE							
SB							
PaO_2							
$PaCO_2$							
K^+							
Na^+							
Cl^-							

第四章 机能学综合实验

实验一 神经、体液因素对家兔动脉血压的影响

【实验目的】

1. 学习哺乳动物记录血压的一种实验方法。

2. 观察颈迷走神经、交感神经、降压神经以及药物对心脏和血管活动的影响，根据结果分析其作用原理。

【实验原理】 血压受心输出量和外周血管阻力的影响。动脉血压的高低是衡量心血管活动的重要指标。心血管活动受交感神经和迷走神经支配。交感神经兴奋时，其末梢释放去甲肾上腺素，作用于心肌细胞膜上的β受体，引起心率加快，心肌收缩力增强，心输出量增加，动脉血压升高；去甲肾上腺素还可与血管平滑肌上的α受体结合，引起血管平滑肌收缩，外周阻力增加，动脉血压升高。迷走神经兴奋时，其末梢释放乙酰胆碱，作用于心肌细胞膜上的 M 受体，引起心率减慢，心肌收缩力减弱，心输出量减少，血压降低。神经系统对心血管活动的调节是通过各种反射实现的，其中最重要的是压力感受性反射。夹闭颈总动脉后压力感受器刺激减弱，可反射性地引起心率加快、心肌收缩力增强、心输出量增加，动脉血压升高；电刺激降压神经可反射性地引起心率减慢、心肌收缩力减弱、心输出量减少，动脉血压降低。另外，心血管活动还受体液因素调节，给予受体激动剂或受体阻断剂可观察心血管活动的影响。

【实验对象】 家兔。

【实验药品与器材】 BL-420F 生物机能实验系统、兔手术台、常用手术器械、动脉插管、动脉夹、注射器、彩色丝线、电刺激器。20%氨基甲酸乙酯、生理盐水、1%肝素溶液、3.8%枸橼酸钠溶液、1：100 阿托品溶液、1：10 000 肾上腺素溶液、1：10 000 去甲肾上腺素溶液、1：1000 酚妥拉明溶液、1：1000 普萘洛尔溶液、生理盐水等。

【实验方法与步骤】

1. 启动计算机。

2. 准备测压系统 通过三通管向测压系统管道内注满生理盐水，并向动脉插管内注满 3.8%枸橼酸钠溶液，关闭三通开关备用。注意务必排空管道内的空气。

3. 手术

（1）称量家兔体重。

（2）麻醉：用 20%氨基甲酸乙酯 4ml/kg 经家兔耳缘静脉注入，并观察其麻醉情况。

（3）备皮：将家兔以仰卧位固定在手术台上，剪去颈部手术部位兔毛。

（4）分离颈总动脉、颈总神经。沿颈部正中切开皮肤，分离皮下组织、肌肉，暴露气管。将切口处皮肤及肌肉分别向外侧拉开，观察与气管并行的左右颈总动脉、迷走神经、交感神经、减压神经的解剖结构。颈总动脉与神经共同走行于颈总动脉鞘内，迷走神经最粗，交感神经次之，减压神经最细。用玻璃针先分离右侧减压神经，再逐一分离交感神经、迷走神经、颈总动脉。每一神经、血管需分离 3～4cm 长，并在下方穿一根不同颜色的丝线备用。然后

分离左侧颈总动脉和迷走神经，分别穿不同颜色的丝线备用。

（5）肝素化：分离好上述结构后，从耳缘静脉注射 1%肝素溶液 1ml/kg。

（6）动脉插管：分离好的左侧颈总动脉，尽可能向头端游离，并穿一根丝线。尽可能靠头端结扎丝线。在距结扎端 3cm 以上处用动脉夹夹住近心端，并在血管下方穿一丝线备用。在距远心端结扎线 0.5～1.0cm 处的颈总动脉上用眼科剪向心脏方向作一斜行切口，将注满 3.8%枸橼酸钠溶液的动脉插管向心脏方向插入颈总动脉内。用已穿好的丝线紧扎血管，并在插管上方约 2.0cm 处打结固定，以防插管脱落。保持动脉插管和颈总动脉在同一直线上。去除颈总动脉上的动脉夹，打开三通开关，使动脉插管与 BL-420F 生物机能实验系统的压力换能装置相通，并将压力换能器与 BL-420F 生物机能实验系统的 1 通道相连。

4. 运行 BL-420F 生物机能实验系统。

【实验项目】

1. 记录正常血压和呼吸曲线（表 4-1）。

2. 用动脉夹夹闭右侧颈总动脉 5～10 秒，观察并记录血压的变化。

3. 待血压和呼吸恢复正常后用 1～3V、20Hz 的电流刺激减压神经（或用丝线牵拉刺激），观察并记录血压的变化。

4. 待血压和呼吸恢复正常后用 1～3V、20Hz 的电流刺激迷走神经（或用丝线牵拉刺激），观察并记录血压的变化。

5. 待血压和呼吸恢复正常后经耳缘静脉注入 1∶100 阿托品溶液 0.1～0.2ml/kg，观察并记录血压的变化。

6. 待血压和呼吸恢复正常后经耳缘静脉注入 1∶10 000 肾上腺素溶液 0.1～0.2ml/kg，观察并记录血压的变化。

7. 待血压和呼吸恢复正常后经耳缘静脉注入 1∶1000 普萘洛尔溶液 1ml/kg，观察并记录血压的变化。

8. 待血压和呼吸恢复正常后经耳缘静脉注入 1∶10 000 去甲肾上腺素溶液 0.1～0.2ml/kg，观察并记录血压的变化。

9. 待血压和呼吸恢复正常后经耳缘静脉注入 1∶1000 酚妥拉明溶液 1ml/kg，观察并记录血压的变化。

表 4-1　家兔动脉血压实验记录表

观察项目	实验前血压（mmHg）	实验后血压（mmHg）
正常血压		
动脉夹夹闭右侧颈总动脉		
电刺激降压神经		
电刺激迷走神经		
1∶100 阿托品溶液		
1∶10 000 肾上腺素溶液		
1∶1000 普萘洛尔溶液		
1∶10 000 去甲肾上腺素溶液		
1∶1000 酚妥拉明溶液		

【注意事项】

1. 麻醉适度，以免影响血压的反射性调节。
2. 分离神经时务必小心轻柔，避免过度牵拉损伤神经而影响实验效果。
3. 保持动脉插管和颈总动脉在同一直线上。
4. 每项实验后应待血压恢复正常再进行下一项实验。
5. 注射完每个药物后要冲洗注射器，避免药物相互混合。
6. 保护好耳缘静脉，以便给药。

【思考题】

1. 说明各实验因素引起动脉血压变化的机制。
2. 试比较肾上腺素和去甲肾上腺素对血压影响的作用有何不同?为什么?

实验二　呼吸运动的调节

【实验目的】

1. 学习哺乳动物记录呼吸的一种实验方法。
2. 观察神经、体液因素及药物对呼吸运动的影响并分析其作用途径。

【实验原理】　呼吸运动是呼吸中枢节律性活动的反映，在不同生理状态下，呼吸运动所发生的适应变化有赖于神经系统的反射性调节，其中较为重要的有呼吸中枢、肺牵张反射及化学感受器的反射性调节。因此，体内外各种刺激可以直接作用于中枢部位或通过不同的感受器反射性地影响呼吸运动。

【实验对象】　家兔。

【实验药品与器材】　BL-420F 生物机能实验系统、兔手术台、常用手术器械、气管插管、50cm 长的橡皮管 1 条、球胆 2 只、注射器、彩色丝线、电刺激器。20%氨基甲酸乙酯、生理盐水、3%乳酸溶液、CO_2气体、钠石灰等。

【实验方法与步骤】

1. 启动计算机。

2. 手术

（1）称量家兔体重。

（2）麻醉：用 20%氨基甲酸乙酯 4ml/kg 经家兔耳缘静脉注入，并观察其麻醉情况。

（3）备皮：将家兔仰卧位固定在手术台上，剪去颈部手术部位兔毛。

（4）分离颈总动脉、神经。沿颈部正中切开皮肤，分离皮下组织、肌肉，暴露气管。将切口处皮肤及肌肉分别向外侧拉开，观察与气管并行的左右颈总动脉、迷走神经、交感神经、减压神经的解剖结构。颈总动脉与神经共同走行于颈总动脉鞘内，迷走神经最粗，交感神经次之，减压神经最细。用玻璃针先分离右侧减压神经，再逐一分离交感神经、迷走神经、颈总动脉。每一神经、血管需分离 3～4cm 长，并在下方穿一根不同颜色的丝线备用。

（5）气管插管：把甲状软骨以下的气管与周围组织分离，穿一丝线备用，在气管上方做一倒“T”形切口，插入 Y 形气管插管，用丝线结扎并固定气管插管，气管插管与呼吸流量传感器相连接，并将呼吸流量传感器与 BL-420F 生物机能实验系统的 1 通道相连。手术完毕后用浸有生理盐水的纱布覆盖手术伤口部位。

3. 运行 BL-420F 生物机能实验系统。

【实验项目】

1. 记录正常呼吸曲线。

2. 增加吸入气中的 CO_2 浓度　将装有 CO_2 的球胆通过一细塑料或玻璃管插入气管插管的侧管，松开球胆的夹子，使部分 CO_2 随吸气进入气管。气体流速不宜过急，以免明显影响呼吸运动。此时观察高浓度 CO_2 对血压和呼吸运动的影响。去掉球胆，观察呼吸恢复正常的过程。

3. 缺氧　将气管插管的侧管与钠石灰瓶相连，观察此时呼吸运动和血压有何变化?去掉上述条件，观察呼吸恢复正常的过程。

4. 增大无效腔　将 50cm 长的橡皮管连接于气管插管的侧管上，观察此时呼吸运动和血压的变化。变化明显后，去掉橡皮管，观察呼吸恢复过程。

5. 血液中酸性物质增多时的效应　用 5ml 注射器，由耳缘静脉较快地注入 3%乳酸 2ml，观察此时呼吸运动和血压的变化及恢复过程。

6. 迷走神经在呼吸运动中的作用　先切断一侧迷走神经，观察呼吸运动和血压有何变化。再切断另一侧迷走神经，观察呼吸运动和血压又有何变化。

【注意事项】

1. 麻醉适度，以免影响呼吸的反射性调节。
2. 分离神经时务必小心轻柔，避免过度牵拉损伤神经而影响实验效果。
3. 每项实验后应等待血压和呼吸恢复正常再进行下一项实验。
4. 保护好耳缘静脉，以便给药。

【思考题】

1. 分析各项实验结果，缺 O_2 及 CO_2 增多时对呼吸的影响机制有何不同?
2. 迷走神经在节律性呼吸运动中起何作用?

实验三　影响尿生成的因素及利尿药的作用

【实验目的】

1. 学习掌握膀胱导管插管方法。
2. 观察不同生理因素对动物尿量的影响，分析其作用机制，加深尿生成调节的理解。

【实验原理】　尿是血液流过肾单位时经肾小球滤过，肾小管、集合管重吸收和分泌而生成的，凡对这些过程有影响的因素都可影响尿液。肾小球的滤过作用取决于肾小球的有效滤过压，其大小取决于肾小球毛细血管血压、血浆的胶体渗透压和肾小囊内压。影响肾小管重吸收作用的主要因素是管内渗透压和肾小管上皮细胞的重吸收能力，后者又为多种激素所调节。

【实验对象】　家兔。

实验器械和药品　BL-420F 生物机能实验系统、血压换能器、受滴器、液滴信号导线、刺激电极、保护电极、恒温浴槽、哺乳动物手术器械 1 套、兔恒温手术台、手术灯、膀胱插管、动脉插管、注射器（1ml、10ml、20ml）及针头、纱布、棉绳、手术缝线、输液装置及三通阀、培养皿、烧杯、试管、20%氨基甲酸乙酯溶液（或 3%戊巴比妥钠溶液）、3.8%枸橼酸钠溶液或 1%肝素溶液、生理盐水、25%葡萄糖溶液、尿糖试纸、1∶10 000 去甲肾上腺素溶液、垂体后叶素、呋塞米、0.6%酚红注射液、10% NaOH 溶液。

【实验方法与步骤】

1. 手术

（1）称重家兔，经其耳缘静脉缓慢注射 20%氨基甲酸乙酯溶液（4ml/kg）或 3%戊巴比妥钠溶液（30～40mg/kg）进行麻醉，待家兔麻醉后将其仰卧固定于手术台上，在耳缘静脉用输液瓶缓慢输液（或用注射器通过三通管将头皮输液针插入耳缘静脉），用动脉夹将头皮输液针固定在耳朵上。用备皮剪于兔颈部、下腹部手术野进行备皮。

（2）颈动脉插管：沿颈正中切开皮肤，分离皮下组织，暴露气管插入气管插管。分离左侧颈总动脉（穿两根线备用）和右侧迷走神经（穿一根线备用）。用线结扎左颈总动脉近头端，用动脉管夹夹闭近心端，左手牵结扎线，在结扎处下方用眼科剪朝向心脏端剪一小斜口，将充满 6%（g/ml）枸橼酸钠溶液的动脉插管插入左颈总动脉，并结扎固定，放开动脉夹，动脉插管另一端通过血压换能器连至记录装置，输入 1 通道描记血压。

（3）输尿管插管：在耻骨联合上缘沿腹部正中线向上作 5cm 长的纵行皮肤切口，沿腹白线切开腹腔，将膀胱慢慢移出体外，暴露膀胱三角，仔细辨认输尿管，将一侧输尿管与周围组织轻轻分离。穿双线备用，先用一根线结扎输尿管近膀胱端，在结扎处近肾侧的输尿管上剪一斜切口，切口约为管径的一半，把充满生理盐水的细塑料管沿肾脏方向插入输尿管内，并结扎固定，随后可见尿液从细塑料管内慢慢逐滴流出。输尿管插管的另一端连至记滴装置的受滴器，液滴信号引导线连接受滴器后与系统的 2 通道连接，描记尿的滴数。术毕。用蘸温热生理盐水的纱布覆盖创面。

2. 仪器　连接、设定仪器参数，记录动脉血压和尿量。

（1）计算机生物信号采集处理系统：将压力换能器接在 1 通道，记录动脉血压变化情况；尿滴记录线接在记滴器上，通过计滴器与系统的 2 通道连接，描记尿的滴数。刺激电极与系统的刺激输出相连。

（2）手术和实验装置连接完成后，放开动脉夹，开动记滴器，记录血压及尿量，进行下列观察。

3. 实验项目

（1）记录正常情况下的动脉血压曲线和每分钟的尿滴数（滴/分）。

（2）耳缘静脉注射 37℃ 0.9% NaCl 溶液 15～20ml，观察血压和尿量的变化。

（3）耳缘静脉注射 1∶10 000 去甲肾上腺素溶液 0.3～0.5ml，观察血压和尿量的变化。

（4）先取尿液 2 滴，用尿糖试纸作尿糖定性实验。然后耳缘静脉注射 25%葡萄糖溶液 5～10ml，观察血压、尿量的变化，待尿量明显增多时，再取尿液 2 滴作尿糖定性试验。

（5）耳缘静脉注射垂体后叶素 1～2U（0.2ml），观察血压和尿量的变化。

（6）耳缘静脉注射呋塞米（5mg/kg），观察血压和尿量的变化。

（7）分离右侧迷走神经，用保护电极以中等强度的脉冲电流间断刺激（强度 5～10V，刺激频率 20～50Hz，刺激约 10 秒钟，停止刺激约 4 秒钟）其外周端，使血压维持在低水平 [40～50mmHg（5.3～6.6kPa）]5 分钟左右。观察血压和尿量的变化。

【注意事项】

1. 实验前给兔多喂菜叶，或在麻醉后用橡皮导管向兔胃内灌入 40～50ml 清水，以增加基础尿量，保证家兔在实验中有充分的尿液排出。

2. 因实验中要多次进行耳缘静脉注射，因此要注意保护好家兔的耳缘静脉。应从耳缘静脉的远端开始注射，逐渐向耳根部推进。如已给动物输液，实验项目中所需注射的药液可自输液的头皮针接头处的三通阀注入，只要输液通畅，均可保证药物顺利进入家兔体内。

3. 手术动作要轻柔，腹部切口不宜过大，以免造成损伤性闭尿。剪开腹壁时注意避免伤及内脏。

4. 膀胱插管时应尽量减少残留在膀胱中的溶液；插管要妥善固定，不能扭曲，否则会阻碍尿的排出。

5. 依次进行实验项目。每次实验前都要记录血压、尿量作为对照；下一项实验需在前一项实验作用消失，血压、尿量基本恢复平稳后再开始，每次实验应作标记。

6. 实验顺序安排：在尿量增加的基础上进行减少尿生成的实验项目，在尿量少的基础上进行促进尿生成的实验项目。如插管后无尿，可先进行葡萄糖实验。

7. 刺激迷走神经强度不宜过强，时间不宜过长，切忌用强电流连续刺激，以免血压过低，心脏停搏。

8. 注射葡萄糖后，应用新的容器来盛尿，以便做尿糖测定（如不换容器，也可将尿液直接滴在尿糖试纸上）。

9. 如天气寒冷，需注意给动物保温。

10. 手术和实验过程中谨防大出血。

【思考题】

1. 本实验中影响肾小球滤过率的因素有哪些？影响肾小管和集合管重吸收和分泌的因素有哪些？

2. 静脉注射葡萄糖引起尿量增多的机制是什么？

3. 静脉注射呋塞米后尿量有何变化，其机制是什么？

4. 静脉注射垂体后叶素后尿量有何变化，其机制是什么？

实验四　急性右心衰竭

【实验目的】

1. 学习制作家兔急性右心衰竭模型的方法。

2. 观察急性右心衰竭时血流动力学的主要变化。

3. 分析讨论急性右心衰竭的病因和发生机制。

【实验原理】　心力衰竭是指由于心脏舒缩功能受损加重或充盈严重受限，在有足够循环血量的情况下，心输出量明显减少到不能满足机体日常代谢需要，导致全身组织器官灌流不足，同时出现肺循环和（或）体循环静脉淤血的临床综合征。

导致心力衰竭的基本病因为原发性心肌舒缩功能障碍和心脏负荷（包括前负荷和后负荷）过度。前负荷指心脏舒张时所承受的容量负荷，后负荷指心脏收缩时所承受的压力负荷。

静脉注射液体石蜡可增加肺动脉压，导致右心室后负荷增加，大量快速静脉输液可增加右心室的前负荷。当右心室前后负荷的快速增加超过右心室的代偿能力时，则可导致急性右心衰竭。

【实验对象】　家兔（体重 1.5～2.5kg）。

【实验药品与器材】　20%氨基甲酸乙酯溶液，1%肝素溶液，液体石蜡，生理盐水，3.8%枸橼酸钠，兔手术台，婴儿秤，BL-420F 生物机能实验系统，压力换能器，张力换能器，哺乳动物实验手术器械 1 套，静脉输液装置，三通管，1ml、5ml、20ml 注射器。

【实验方法与步骤】

1. 家兔称重后，经其耳缘静脉注射 20%氨基甲酸乙酯溶液（4ml/kg）麻醉，将其仰卧固定于兔手术台上，剪去颈部被毛。

2. 在甲状软骨与胸骨切迹之间作颈部正中切口，逐层分离颈部组织，游离右侧颈外静脉和左侧颈总动脉。

3. 由耳缘静脉注入 1%肝素溶液（1ml/kg）抗凝。

4. 进行右侧颈外静脉和左侧颈总动脉插管。右侧颈外静脉插管需插至上腔静脉，深约 5cm，插管通过三通管连接压力换能器（测中心静脉压）和静脉输液装置。左侧颈总动脉插管通过三通管连接压力换能器以测定动脉血压。

5. 在家兔剑突下腹部随呼吸起伏最明显处，以弯针穿线并固定于张力换能器上，调整其松紧程度以描记呼吸曲线。

【实验项目】

1. 调好实验记录装置，待家兔安静 5 分钟后，记录各项观察指标：动脉血压（BP）、呼吸（频率和幅度）、中心静脉压（CVP）。

2. 用 1ml 注射器从耳缘静脉缓慢（2 分钟内）均匀地注入液体石蜡（0.5ml/kg，1ml 注射器针头小，刻度更加细化，易控制速度与剂量，如一次注射量不够时，可留住针头，小心取下注射器，吸取液体石蜡排尽空气，继续注射达要求量），密切观察动脉血压、中心静脉压、呼吸等各项指标变化。当某一项指标发生急剧变化时（动脉血压有明显下降或中心静脉压明显上升），应减慢注射速度或停止注射，观察 5 分钟。待指标值恢复至接近正常水平，继续缓慢注射液体石蜡，直至动脉血压下降 10～20mmHg 或中心静脉压明显升高为止。观察 5 分钟后，记录各项观察指标。

3. 以每分钟 100 滴的速度输入生理盐水，记录各项观察指标。

4. 急性右心衰竭模型的治疗

（1）经耳缘静脉注射呋塞米，剂量 0.4ml/kg，记录给药后各项指标。

（2）经耳缘静脉注射 0.25mg/ml 毒毛花苷 K 注射液，剂量 0.1ml/kg，记录给药后各项指标。

（3）经耳缘静脉注射 100mg/ml 硝普钠，剂量 1ml/kg，记录给药后各项指标。

5. 家兔死亡后，挤压胸壁，观察气管内有无分泌物溢出。剖开胸、腹腔（注意不要损伤脏器和大血管），观察有无胸腔积液、腹水；取下肺、心标本，观察肺脏外观及切面变化，以及心脏各腔室的体积；取下肝脏，观察肝脏外表及切面变化；观察肠系膜血管的充盈情况，肠壁有无水肿。

【注意事项】

1. 液体石蜡使用前需用温水加热至 37℃。

2. 经耳缘静脉输注液体石蜡的量和速度是本实验成功的关键。注入过量时，容易造成家兔迅速死亡。注入过少则需要输入大量生理盐水。注射速度应缓慢匀速，如果某一指标发生显著变化，应减慢速度或立即停止注射后观察指标变化；否则，家兔容易因急性呼吸衰竭而死亡。

3. 若输液量已超过 200ml/kg，而家兔各项指标变化仍不显著，可再补充注入液体石蜡直至出现明显指标改变。

4. 压力换能器和插管中预先充满 3.8%枸橼酸钠溶液，排空气泡，以免影响实验结果。

5. 如家兔因颈部手术切口疼痛而挣扎时，可滴加少量普鲁卡因进行局部麻醉。

【思考题】

1. 右心衰竭时，机体的主要病理生理变化有哪些？本实验出现了哪些变化？

2. 影响中心静脉压的因素有哪些？为什么右心衰竭会出现中心静脉压升高？

3. 肝-中心静脉压反流实验的原理是什么？有何临床意义？

实验五　家兔急性呼吸衰竭

【实验目的】

1. 学习家兔急性呼吸衰竭模型的复制方法。

2. 观察家兔急性呼吸衰竭时呼吸及血气分析的变化并分析其机制。

【实验原理】 通气障碍、气体弥散障碍和肺泡通气/血流比例失调是呼吸衰竭的主要发生机制。本实验通过夹闭家兔气管造成狭窄，复制通气障碍所致的急性呼吸衰竭；并通过造成家兔开放性气胸及静脉注射肾上腺素造成肺水肿复制肺泡通气/血流比例失调和气体弥散障碍所致的急性呼吸衰竭。

【实验动物】 家兔，体重1.5～2.0kg。

【实验药品与器材】 20%氨基甲酸乙酯溶液，1%肝素溶液，0.1%肾上腺素，生理盐水。兔手术台，BL-420F生物机能实验系统，i-STAT血气分析仪，电子称，手术器械1套，动脉夹，气管插管（两侧套有橡皮管），连有三通的动脉插管，听诊器1个，天平，小软木塞4个，1ml注射器4只，2ml、5ml、10ml、20ml、50ml注射器各1只，6号、9号、12号针头，头皮针。

【实验方法与步骤】

1. 麻醉与固定动物　家兔称重后，从耳缘静脉缓慢注入20%氨基甲酸乙酯溶液（4ml/kg）。家兔自然倒下，角膜反射消失，牵拉后肢无阻力时，表示麻醉药量已足，仰卧位固定。

2. 气管插管　颈部剪毛，正中切口，切口长6～8cm，逐层钝性分离颈部组织，暴露出气管并在其下穿一根粗结扎线，在气管上剪一“⊥”形切口，插入气管插管并结扎固定。气管插管一端通过呼吸流量传感器与BL-420F生物机能实验连接。

3. 全身肝素化　耳缘静脉注射1%肝素溶液1ml/kg。

4. 颈总动脉插管　在颈前部细心分离家兔两侧颈总动脉，用丝线结扎远心端血管，近心端用动脉夹夹闭。动脉夹近头侧的血管下方留置一结扎线，备固定插管用。然后用眼科剪在结扎线的近心端将动脉壁剪一约占周径1/3的斜口，插入充满0.7%肝素的动脉插管并予固定。左侧动脉插管通过三通开关与压力换能器和BL-420F生物机能实验系统连接。打开动脉夹描记血压。右侧动脉插管备采血用。

5. 病理模型复制前指标的测定

（1）记录呼吸、血压曲线：观察并记录一段正常时的呼吸、血压曲线。

（2）血气分析：打开颈总动脉的动脉夹，缓慢打开三通开关，弃去最先流出的2、3滴血液后，然后立即将插管口直接对准电极板芯片的注血口，注入全血到标准刻度，盖上小盖，插入i-STAT血气分析仪，进行血气分析。取血后应立即用生理盐水少许冲洗动脉插管，以免塑料管内血液凝固。

6. 病理模型复制

（1）气道狭窄与气胸

1）气道狭窄：用止血钳将气管插管的橡皮管夹闭2/3～3/4，使家兔处于气道狭窄状态，并观察呼吸、血压的变化。待呼吸出现明显改变和口唇黏膜发绀后，松开止血钳，等待约20分钟，使家兔呼吸恢复正常。

2）气胸：于家兔右胸第4～5肋间隙与腋前线交界处，插入16号针头，当穿刺针头垂直刺入1～1.5cm，有落空感和呼吸幅度开始变小时，可以确定针头已插入胸膜腔。为了能准确地进针及掌握好深度，也可将该部位皮肤切开后进针。

A. 开放性气胸：当16号穿刺针头刺入胸膜腔后，胸膜腔与外界大气通过针头相通造成右侧开放性气胸。开放性气胸持续10～15分钟，同时观察呼吸、血压的变化。待呼吸出现明显改变和口唇黏膜发绀后，用50ml注射器通过针头将胸膜腔内的空气抽尽，等待约20分钟，待家兔呼吸恢复正常。

B. 张力性气胸：用 100ml 注射器抽取 100ml 空气，通过针头推入右侧胸膜腔内，造成右侧张力性气胸。观察家兔呼吸、血压的变化。当动物呼吸与血压出现明显变化、皮肤与口唇黏膜明显发绀和出现窒息样挣扎时，按步骤“5-（2）”方法取血样，进行血气分析。

（2）肺水肿：观察并记录一段正常时的呼吸、血压曲线后，以 10～12ml/min（每分钟150～180 滴）的速度由耳缘静脉注入生理盐水（100ml/kg），输完后将 0. 1%肾上腺素溶液（1ml/kg）缓慢静脉注射。然后仍以生理盐水（10～15 滴/分）维持静脉通路，以便必要时重复给药。

静脉给药时要密切观察：①是否出现呼吸困难、急促，呼吸曲线有无变化。②气管内是否有粉红色泡沫样液体溢出。③肺部是否出现湿啰音。如果肺水肿表现不明显时，可重复使用肾上腺素，方法同上，直至出现肺水肿表现。

当动物出现明显的呼吸急促、气管内有泡沫样液体溢出、两肺出现湿啰音等肺水肿体征时，可立即从一侧颈动脉取血进行血气分析[按步骤“5-（2）”方法取血样]。

采血后，夹闭气管，处死家兔，打开胸腔，在气管分叉处结扎气管以防肺水肿液流出，在结扎处以上切断气管，分离心脏及血管，将肺取出。称肺重，计算肺系数。肉眼观察肺体积、颜色的改变，并切开肺观察有无泡沫样液体流出。

【肺系数计算】 肺系数=肺重量（g）/体重（kg）

正常肺系数为 4～5。

【注意事项】

1. 取血做血气分析时，切忌接触空气，否则将影响血气分析结果。
2. 造病气胸时，应注意防止针尖对肺组织造成损伤。
3. 取肺时不要损伤肺组织，以免肺水肿液流出，影响肺系数的准确性。

【思考题】

1. 狭窄、气胸及肺水肿分别引起了哪一型呼吸衰竭？为什么？
2. 在复制肺水肿时为什么先快速、大量输液，然后给肾上腺素？
3. 三种不同实验的血气检测结果有何不同？为什么？

实验六　肝性脑病及解救

【实验目的】

1. 学习复制急性肝功能不全的动物模型，认识血氨升高在肝性脑病发病机制中的作用。
2. 了解谷氨酸钠对氨中毒的基本治疗作用，探讨其治疗的病理生理基础。

【实验原理】 通过结扎阻断大部分肝脏血供复制急性肝功能不全的动物模型，经十二指肠推注 NH_4Cl，致使实验动物出现类似肝性脑病的典型症状。实验中设置手术对照组、试剂对照组和治疗组，同时观察症状表现和相应 NH_4Cl 的剂量、症状出现时间和血氨的水平，探讨血氨升高在肝性脑病发病机制中的作用，谷氨酸钠治疗肝性脑病的基本原理。

【实验动物】 家兔，体重 1.5～2.0kg。

【实验药品与器材】 1%普鲁卡因，1% 肝素，2.5%复方 NH_4Cl 溶液（NH_4Cl 25g，$NaHCO_3$ 15g，以 5%葡萄糖溶液定容至 1L），2.5%复方谷氨酸钠溶液（谷氨酸钠 25g，$NaHCO_3$ 15g，以 5%葡萄糖溶液定容至 1L），2.5%复方 NaCl 溶液（NaCl 25g，$NaHCO_3$ 15g，以 5%葡萄糖溶液定容至 1L）。兔手术台，手术器械 1 套，电子称，动脉插管 1 根，动脉夹，细塑料管，粗棉线，细手术线，纱布，10ml、20ml 注射器。

【实验方法与步骤】 取性别相同、体重接近的家兔 4 只，分 3 组进行实验。

1. 将家兔称重后仰卧固定于兔手术台上，剪去颈前部及上腹部正中线附近的被毛，1%普鲁卡因局部浸润麻醉下手术。

2. 颈总动脉插管 从耳缘静脉按 1ml/kg 量注射 1%肝素。在甲状软骨下纵行切开颈正中皮肤，分离颈总动脉并插管，结扎固定。打开动脉夹，放血 2ml 于洁净试管内做血氨测定，放血完毕后用少量生理盐水冲洗动脉插管，避免插管内的血液凝固，然后夹闭动脉夹。

3. 肝叶的游离和结扎 从胸骨剑突下沿上腹正中作长 6～8cm 的切口，打开腹腔，暴露肝脏，术者左手食指和中指在镰状韧带两侧将肝脏往下压，右手持剪刀剪断肝与横膈之间的镰状韧带。辨明肝脏各叶，用浸过生理盐水的粗线沿肝左外叶、左中叶、右中叶和方形叶的根部围绕 1 周并结扎，使上述肝叶迅速变成暗褐色。由于供应右外叶及尾状叶的门脉血管为独立分支，不会同时被结扎，因而得以保留。

4. 十二指肠插管 沿胃幽门向下找出十二指肠，经肠系膜穿一粗线，牵引十二指肠并将线头固定于兔手术台的竖铁杆上，以皮钳对合夹住腹壁以关闭腹腔，将十二指肠袢留在腹腔外，置于盐水纱布上。将小儿头皮针向结肠方向刺入十二指肠内，固定针头。

5. 通过头皮针，每隔 5 分钟向十二指肠肠腔内快速推注复方氯化铵溶液 5ml。实验过程中，仔细观察并记录家兔的呼吸、角膜反射、瞳孔大小及对刺激的反应等情况，直至出现全身性抽搐时，从颈总动脉放血 2ml 作血氨测定，并记录从肠腔推注 NH_4Cl 至出现大抽搐的时间及 NH_4Cl 总用量，计算出每公斤体重的用量。

6. 实验分组

（1）实验组—甲兔：肝叶大部分结扎+推注复方 NH_4Cl 溶液。

（2）对照组

1）乙兔：肝叶假手术+推注复方 NH_4Cl 溶液。

2）丙兔：肝叶大部分结扎+推注复方 NaCl 溶液。

（3）治疗组—丁兔：肝叶大部分结扎+推注复方谷氨酸钠溶液+推注复方 NH_4Cl 溶液。

7. 实验观察指标 呼吸（频率、幅度），角膜反射，瞳孔大小，对刺激的反应，是否出现肌肉痉挛及强直，并记录出现相应症状所需的 NH_4Cl 用量及时间，测定血氨浓度。

【实验项目】

1. 实验组—甲兔

（1）实验过程中，仔细观察并记录家兔的呼吸、角膜反射、瞳孔大小及对刺激的反应等情况，直至出现全身性抽搐时，从颈总动脉放血 2ml 作血氨测定，并记录从肠腔推注 NH_4Cl 至出现大抽搐的时间及 NH_4Cl 总用量，计算出每公斤体重用量。

（2）出现大抽搐后继续推注复方 NH_4Cl 直至家兔死亡，记录存活时间和复方 NH_4Cl 的剂量。

2. 对照组

（1）乙兔：除肝叶不结扎外，其余操作步骤按“实验方法与步骤”中的（1）～（5）进行。如前所述推注 NH_4Cl，当推注的 NH_4Cl 量（按 ml/kg 计算）达到家兔出现大抽搐（而该兔尚未出现大抽搐）时，从颈总动脉放血 2ml 测血氨，观察家兔的一般情况，继续推注 NH_4Cl，当该兔出现大抽搐后，再放血 2ml 测血氨，并记录从推 NH_4Cl 至出现大抽搐的时间及 NH_4Cl 的用量，与甲兔比较。

（2）丙兔：按“实验方法与步骤”中的（1）～（5）进行操作，但从肠腔推注复方 NaCl 溶液，观察动物反应，待推注量（ml/kg）达甲、乙兔出现大抽搐的 NH_4Cl 量时，分别放血 2ml 于试管内测血氨。

3. 治疗组—丁兔 操作步骤按“实验方法与步骤”中的（1）～（5）进行，但第（5）

步中先按 20 ml/kg 量从耳缘静脉缓慢注射复方谷氨酸钠溶液，再按前述方法注射 NH_4Cl 溶液，待推注量达到甲兔大抽搐的量（而该兔尚未出现大抽搐）时，从颈总动脉放血 2ml 测血氨，观察家兔的一般情况，继续注射 NH_4Cl，当该兔出现大抽搐后，再放血 2ml 测血氨，记录从推 NH_4Cl 至出现大抽搐的时间及 NH_4Cl 的用量，与甲兔比较。

4. 血氨的测定　本实验用谷氨酸脱氢酶法进行血氨测定。

【试剂】　全部试剂必须以去氨水配制。

（1）66.7mmol/L KH_2PO_4 溶液：取 9.12g KH_2PO_4 溶于去氨水中，定容到 1L，4℃保存。

（2）66.7mmol/L Na_2HPO_4 溶液：取 9.51g Na_2HPO_4 溶于去氨水中，定容到 1L，4℃保存。

（3）66.7mmol/L 磷酸盐缓冲液（PBS，pH 8.0±8.5）：取 5ml（1）液及 95ml（2）液，混合，4℃保存，稳定 3 周。

（4）310mmol/L α 酮戊二酸：取 0.45gα 酮戊二酸溶于 5ml 去氨水中，用 3mol/L NaOH 调 pH 接近 5.0 时，改用 0.1mol/L NaOH 调 pH 至 6.8±0.01，以去氨水定容到 10ml，4℃可稳定 10 天。

（5）NADPH 贮存液：称取 10mg NADPH（–20℃保存）溶于 1ml PBS 中，取出 50μl，以 PBS 稀释到 5ml 为工作液，以 PBS 调零，1cm 光径，在 340nm 波长测定 NADPH 工作液的吸光度，计算 NADPH 在其贮存液中的实际浓度：

根据第（5）步的计算结果确定制备 GLDH 工作液中加入 NADPH 贮存液的量，使达到 149μmol/L。

（6）谷氨酸脱氢酶工作液：根据 GLDH 酶制品（–20℃保存）的比活，称出酶活力为 992U 的相应量（如 GLDH 在甘油中，可按 U/ml 吸出 992U 的相应体积，置 50ml 量瓶中），称入 ADP（–20℃保存）15mg，吸入计算量的 NADPH 贮存液，以 PBS 稀释到 50ml，4℃保存可稳定 1 周。

（7）100mmol/L 氨标准贮存液：取硫酸铵 1～2g 于 100～110℃烘 2 小时，置干燥器中冷却称取 660.7mg，溶于去氨水中定容到 100ml，4℃保存。

（8）氨标准应用液：用去氨水将氨标准贮存液稀释成 100μmol/L。

【步骤】　按表 4-2 操作，按 B、S、U 管先后顺序进行。

表 4-2　血氨的测定方法

加入物（ml）	空白管（B）	标准管（S）	测定管（U）
GLDH 工作液	1.5	1.5	1.5
去氨水	0.3	—	—
标准应用液	—	0.3	—
血浆	—	—	0.3
37℃水浴 10 分钟			
α-酮戊二酸溶液	0.06	0.06	0.06

混匀，波长 340nm，分别于 10 秒时读 A_1，70 秒时读 A_2，各管的 $\Delta = A_1 - A_2$。

【计算】　参考值为 18～72μmol/L。

【注意事项】

1. 剪镰状韧带时勿损伤膈肌和血管；游离肝脏时动作宜轻以免肝叶破裂出血，结扎线应结扎于肝叶根部，避免损伤肝叶。

2. 各组向肠腔推注 NH_4Cl 的速度、剂量及重复推注的时间应保持一致。

3. 甲兔开始推注的时间应早于其余各组，以便出现抽搐并计算出 NH_4Cl 用量后，能对其余组作对照观察测定。

4. 同学应明确分工、各负其责，测血氨尤其需要专人操作，以保证前后结果的一致性。

【思考题】

1. 比较 4 组实验结果，找出异同点并分析总结血氨升高在肝性脑病发病机制中的作用。

2. 实验中引起血氨变化的原因是什么？临床上肝功能障碍的患者血氨升高的主要原因和机制是什么？

3. 谷氨酸钠治疗肝性脑病的病理生理基础是什么？

4. 在肝性脑病的治疗中，你认为可能有效的治疗或缓解氨中毒的方案有哪些？

实验七　急性肾衰竭

【目的要求】

1. 学习复制急性肾衰竭的动物模型。

2. 观察急性肾功能不全时家兔的一般状态，尿液的变化，测定酚红及血清尿素氮、血清钾水平以了解肾功能情况，并观察肾脏的形态改变。

3. 加深理解急性肾衰竭的病因、发病机制和机能代谢变化。

【实验原理】　采用重金属类肾毒物 $HgCl_2$，造成家兔急性肾小管坏死，复制急性肾功能不全的动物模型，通过观察动物的各项指标变化，学习急性肾衰竭时内环境的变化。

【实验动物】　家兔，体重 1.5～2.0kg。

【实验药品与器材】　1% $HgCl_2$ 溶液，1%肝素，生理盐水，20%氨基甲酸乙酯，尿素氮试剂，5%乙酸溶液，2%二乙酰单肟试剂，尿素氮标准储备液（20mg/dl），尿素氮标准液（每毫升含 0.02mg）。兔手术台，血气分析仪、分光光度计，尿比重检测计，离心机，显微镜，水浴锅，电子称，手术器械 1 套，动脉插管 1 根，输尿管塑料插管，注射器，5ml 刻度吸管，滴管，玻片，玻璃试管，试管夹，试管架，酒精灯。

【实验方法与步骤】

1. 家兔急性中毒性肾小管坏死模型的制备　实验分为两组，一组为正常对照组，一组为肾中毒实验组。于实验前一天，家兔称重后，按剂量 1.5～1.7ml/kg，皮下或肌内注射一次氯化汞（1% $HgCl_2$），造成急性中毒性肾小管坏死病理模型。对照组家兔则在相同部位注射同等量的生理盐水。将两只兔分笼置于大漏斗上，收集 24 小时尿液，测量尿量。

2. 取正常或中毒家兔在记录体重后，20%氨基甲酸乙酯溶液（4ml/kg 体重）经耳缘静脉注入麻醉，并将其仰卧固定于兔手术台上。

3. 颈部去毛，在甲状软骨水平下作颈部正中切口，正对气管软骨环，逐层钝性分离，并在胸锁乳突肌内侧下方分离出一侧颈总动脉；颈动脉插管内注入肝素生理盐水溶液，进行颈动脉插管，动脉插管前，远心端必须先结扎，用动脉夹夹住近心端，然后用眼科剪刀剪开动脉壁的 1/3 大小，插入动脉导管，结扎插入导管部的血管，固定导管，供采血用。

4. 下腹部剪毛，局部麻醉，在耻骨联合上 1.5cm 处作正中切口，长约 4cm。分离皮下组织，沿腹白线切开腹膜，暴露膀胱。用注射器吸出膀胱内全部尿液置于试管（10ml 尖底离心管）中以供测定尿比重、尿蛋白定性和尿沉渣镜检之用。

【实验项目】

1. 打开颈总动脉的动脉夹，弃去最先流出的2、3滴血液后，然后立即将插管口直接对准电极板芯片的注血口，注入全血到标准刻度，盖上小盖，插入血气分析仪，进行血气分析。

2. 经动脉插管取正常或中毒家兔血2～3ml，待凝固15～20分钟后，3000r/min离心5～10分钟，分离血清。用滴管将血清吸出，分别移入干燥的小试管中用来测定血清尿素氮和血清钾，方法见附录部分的介绍。

3. 尿常规检查

（1）取一定量的尿液分别置于两支离心管中，1500r/min离心沉淀5分钟，取尿沉渣涂片，先低倍后高倍镜观察，计数10个不同视野的管型和细胞的近似平均值，其中管型以低倍视野计数。

（2）尿蛋白定性检查：取正常或肾中毒家兔的尿液各 2～3ml，分别放入试管中，以试管夹夹住试管，在酒精灯上加热至沸腾（注意试管口不要对着人，小心加热，切勿让试管内尿液溢出）。若有混浊，加入5%乙酸3～5滴，再煮沸。若尿液变清，说明原先出现的混浊是由尿内无机盐引起的，加入乙酸可将其去除；加酸后若混浊加重，则表示尿中含有蛋白质，根据尿液混浊程度可估计尿蛋白量的多少。

“–”尿液清晰，不显混浊，无明显蛋白尿。

“+”尿液出现轻度、白色的混浊（含蛋白质0.1～0.5g/L）。

“++”尿液呈稀薄乳样混浊（含蛋白质0.5～2.0g/L）。

“+++”尿液乳浊，或有少量絮片存在（含蛋白质2.0～5.0g/L）。

“++++”尿液出现絮状混浊（含蛋白质＞5g/L）。

4. 血清尿素氮测定

（1）原理：血液和尿中的尿素在强酸条件下与二乙酰单肟和硫氨尿共煮，生成红色复合物（二嗪衍生物）。颜色深浅与尿素氮含量成正比。

（2）操作方法：如表4-3所示，取3支试管分别标注空白管、标准管和测定管并按表中顺序加入各种试剂，混匀，然后置沸水锅中准确计时煮沸15分钟，置自来水流水中冷却3分钟后，用520nm波长比色，记录标准管的光密度读数（D_s）及样品管的光密度读数（D_u）。

计算每100ml血清中尿素氮的含量（mg）。

表4-3 血清尿素氮测定时各管试剂加样顺序表

试剂（ml）	空白管（1）	标准管（2）	测定管（3）
尿素氮试剂	5.0	5.0	5.0
二乙酰单肟试剂	0.5	0.5	0.5
蒸馏水	0.1		
尿素标准液		0.1	
1∶5稀释的血清			0.1

（3）血清尿素氮测定的计算方法

$$\frac{\text{测定管光密度}(D_u)}{\text{标准管光密度}(D_s)}\times 0.002\times\frac{100}{0.02}=\frac{D_u}{D_s}\times 10=\text{血清尿素氮}(\text{mg}/100\text{ml})$$

5. 肾脏的形态观察 实验结束后，用经耳缘静脉注射5～10ml空气的方法，将对照和实验性肾衰竭家兔处死，取出肾脏，称量肾脏的重量，测定肾与体重的比值。

观察并比较两只家兔肾脏的体积大小、表面色泽；沿矢状切面横剖切开肾为两半后，观察皮质条纹及色泽；在再度合拢两半肾后，观察切口能否完全对合。以病肾与正常肾脏作比较。

6. 将实验结果填入表 4-4 中，分析实验结果。

表 4-4　急性肾衰竭实验指标的测定记录表

实验项目		造病家兔	对照家兔
全血	pH		
	$[HCO_3^-]$		
	$[K^+]$		
	$[Na^+]$		
	$[Cl^-]$		
24 小时尿量			
尿	尿比重		
	尿蛋白		
	镜检		
血清尿素氮测定			
肾脏形态（大体、剖面）			

附：血清尿素氮测定试剂的配制方法

1. 2%二乙酰单肟试剂　称取二乙酰单肟 2g，蒸馏水溶解并加至 100ml。

2. 尿素氮试剂　取浓硫酸（H_2SO_4）44ml，85%磷酸（H_3PO_4）66ml，溶于 100ml 蒸馏水中，冷却至室温依次加硫氨尿 50mg，溶解后再加硫酸镉 1.62g（$3CdSO_4 \cdot 8H_2O$）或 2.0g（$3CdSO_4 \cdot 6H_2O$），溶解后加蒸馏水至 1L，存于冰箱内，可保存 6 个月。

3. 尿素氮标准储备液（20mg/dl）　精确称取尿素 42.8mg，溶于 50ml 蒸馏水中，加氯仿 6 滴，再用蒸馏水稀释至 100ml，存于冰箱内，可保存 6 个月。

4. 尿素氮标准液（每毫升含 0.02mg）　吸取上述尿素氮标准储备液 100ml，加蒸馏水至 1L。

【注意事项】

1. 血清、标准液等试剂量应准确。
2. 煮沸及冷却时间应准确，否则颜色反应消退。
3. 正常家兔血清尿素氮 14～20mg/dl，急性汞中毒性肾病家兔血清尿素氮为正常值的1～2倍。

【思考题】

1. 根据实验结果，分析汞引起急性肾衰竭的机制。
2. 依据血气分析结果，讨论引起机能代谢发生了哪些变化？为什么？
3. 结合本实验结果，分析产生尿蛋白、管型的机制。
4. 引起急性肾衰竭发生的常见原因有哪些？如何分类？
5. 急性肾衰竭患者进入多尿期，尽管尿量已有明显增多，但可存在氮质血症，其原因是什么？

第二部分　练　习　题

生理学练习题

第一章　绪　论

一、单项选择题

1. 人体生理学的任务主要在于阐明人体各器官和细胞的（　　）

A. 物理和化学变化过程及规律　　B. 形态结构及其与功能的关系

C. 物质与能量代谢的活动规律　　D. 功能表现及其内在机制

E. 生长、发育和衰老的整个过程

2. 在目前的医学生理学中，对下列哪一项功能活动的描述属于细胞和分子水平（　　）

A. 条件反射　　B. 肌丝滑行　　C. 心脏射血

D. 防御反应　　E. 基础代谢

3. 机体的内环境是指（　　）

A. 体液　　B. 细胞内液　　C. 细胞外液　　D. 血液　　E. 组织液

4. 内环境中最活跃的部分是（　　）

A. 组织液　　B. 血浆　　C. 淋巴　　D. 脑脊液　　E. 房水

5. 阻断反射弧中的任何一个环节，受损的调节是（　　）

A. 神经调节　　B. 激素远距调节　　C. 自身调节

D. 旁分泌调节　　E. 自分泌调节

6. 应急反应时血中肾上腺素浓度增高，引起心血管和呼吸等活动加强，这一调节属于（　　）

A. 神经调节　　B. 神经-体液调节　　C. 旁分泌调节

D. 神经分泌调节　　E. 自身调节

7. 餐后胰岛素分泌增加有助于维持血糖水平的稳定，这一调节属于（　　）

A. 神经调节　　B. 激素远距调节　　C. 旁分泌调节

D. 自分泌调节　　E. 自身调节

8. 大量饮清水后约半小时尿量开始增多，这一调节属于（　　）

A. 神经调节　　B. 激素远距调节　　C. 旁分泌调节

D. 神经分泌调节　　E. 自身调节

9. 使机体功能状态保持相对稳定，依靠体内的（　　）

A. 非自动控制系统　　B. 负反馈控制系统

C. 正反馈控制系统　　D. 前馈控制系统

E. 自主神经系统

10. 使某一生理过程很快达到高潮并发挥其最大效应，依靠体内的（　　）

A. 非自动控制系统　　B. 负反馈控制系统　　C. 正反馈控制系统

D. 前馈控制系统　　E. 神经和内分泌系统

二、填空题

1. 生命活动的基本特征包括________、________、________和________。

2. 神经调节的基本方式是________，其结构基础称为________。
3. 反射弧由五部分组成，即________、________、________、________和________。
4. 机体对功能活动的主要调节方式是________、________和________。
5. 在传统的生理学中，通常将________、________和________统称为可兴奋组织。
6. 反应有两种形式，即________和________。
7. 体液调节是通过________完成的。
8. 体内的液体按其在体内的分布可分为________和________两大类。
9. 机体的内环境是指________，维持内环境________相对恒定的状态，称为稳态。

三、名词解释

1. 生理学　2. 内环境　3. 稳态　4. 神经调节
5. 反射　6. 体液调节　7. 负反馈　8. 正反馈

四、问答题

1. 内环境的稳态具有什么生理意义？机体如何保持内环境相对稳定？
2. 生理功能的调节方式有哪些？各有什么特点？如何进行调节？
3. 举例说明体内负反馈和正反馈的调节过程及其生理意义。

第二章　细胞的基本功能

一、单项选择题

1. 细胞膜内、外 Na^+和 K^+不均匀分布的原因是（　　）
A. 膜在安静时对 K^+通透性较大　B. 膜在兴奋时对 Na^+通透性较大
C. Na^+和 K^+跨膜易化扩散的结果　D. Na^+-Ca^{2+}跨膜交换的结果
E. 膜上 Na^+泵的活动
2. 关于 Na^+跨细胞膜转运的方式，下列描述正确的是（　　）
A. 以单纯扩散为主要方式　B. 以易化扩散为次要方式
C. 以主动转运为唯一方式　D. 有易化扩散和主动转运两种方式
E. 有单纯扩散和易化扩散两种方式
3. 葡萄糖或氨基酸逆浓度梯度跨细胞膜转运的方式是（　　）
A. 单纯扩散　B. 经载体易化扩散　C. 经通道易化扩散
D. 原发性主动转运　E. 继发性主动转运
4. 在膜蛋白的帮助下，某些蛋白质分子选择性地进入细胞的物质跨膜转运方式是（　　）
A. 原发性主动转运　B. 继发性主动转运　C. 经载体易化扩散
D. 受体介导入胞　E. 液相入胞
5. 单纯扩散、易化扩散和主动转运的共同特点是（　　）
A. 要消耗能量　B. 顺浓度梯度　C. 需膜蛋白帮助
D. 被转运物都是小分子　E. 有饱和现象
6. 增加细胞外液的 K^+浓度后，静息电位将（　　）
A. 增大　B. 减小　C. 不变
D. 先增大后减小　E. 先减小后增大
7. 生理学所说的可兴奋组织（　　）
A. 仅指神经　B. 仅指肌肉　C. 仅指腺体
D. 包括神经和腺体　E. 包括神经、肌肉和腺体

8. 可兴奋组织受刺激而兴奋时的共同表现是产生（　　）
A. 动作电位　B. 局部电位　C. 收缩　D. 分泌　E. 收缩和分泌
9. 细胞内侧负电位值由静息电位水平加大的过程称为（　　）
A. 去极化　B. 超极化　C. 复极化　D. 超射　E. 极化
10. 神经纤维动作电位去极相中，膜内外两侧电位发生倒转，称为（　　）
A. 去极化　B. 复极化　C. 超极化　D. 反极化　E. 极化
11. 可兴奋细胞具有“全或无”特征的电反应是（　　）
A. 动作电位　B. 静息电位　C. 终板电位
D. 感受器电位　E. 突触后电位
12. 在可兴奋细胞，能以不衰减的形式在细胞膜上传导的电活动是（　　）
A. 动作电位　B. 静息电位　C. 终板电位
D. 感受器电位　E. 突触后电位
13. 用作衡量组织兴奋性高低的指标通常是（　　）
A. 组织反应强度　B. 动作电位幅度　C. 动作电位频率
D. 阈刺激或阈强度　E. 刺激持续时间
14. 神经细胞在一次兴奋后，阈值最低的时期是（　　）
A. 绝对不应期　B. 相对不应期　C. 超常期
D. 低常期　E. 兴奋性恢复正常后
15. 在肌细胞兴奋收缩耦联过程中起媒介作用的离子是（　　）
A. Na^+　B. Cl^-　C. K^+　D. Ca^{2+}　E. Mg^{2+}
16. 在神经-骨骼肌接头处，消除乙酰胆碱的酶是（　　）
A. 胆碱乙酰转移酶　B. 胆碱酯酶　C. 腺苷酸环化酶
D. Na^+-K^+依赖式 ATP 酶　E. 单胺氧化酶
17. 使骨骼肌发生完全强直收缩的刺激条件是（　　）
A. 足够强度和持续时间的单刺激　B. 足够强度-时间变化率的单刺激
C. 间隔大于潜伏期的连续阈下刺激　D. 间隔小于收缩期的连续阈刺激
E. 间隔大于收缩期的连续阈上刺激
18. 肌肉收缩中的后负荷主要影响肌肉的（　　）
A. 兴奋性　B. 初长度　C. 传导性
D. 收缩力量和缩短速度　E. 收缩性
19. 一般情况下，神经细胞的阈电位值较其静息电位值（　　）
A. 小 40～50mV　B. 小 10～20mV　C. 小，但很接近
D. 大 10～20mV　E. 大 40～50mV
20. 下列哪种毒素或药物能阻断骨骼肌终板膜上的乙酰胆碱受体（　　）
A. 河豚毒素　B. 阿托品　C. 箭毒
D. 普萘洛尔　E. 四乙胺

二、填空题

1. 物质跨越细胞膜被动转运的主要方式有________和________。
2. 人体和其他生物体最基本的功能单位是________。
3. 根据参与的膜蛋白的不同，易化扩散可分为：由________和由________介导的易化扩散。
4. 正常状态下细胞内 K^+浓度________细胞外，细胞外 Na^+浓度________细胞内。

5. 易化扩散必须依靠________的帮助，它与主动转运的不同在于它只能________浓度梯度扩散。

6. 蛋白质、脂肪等大分子物质进出细胞的转运方式是________和________。

7. O_2 和 CO_2 通过红细胞膜的方式是________；神经末梢释放递质的过程属于________。

8. 钠泵的作用是把 Na^+ 和 K^+ 完成逆浓度转运，因而属于________转运，当每消耗 1 分子 ATP，可完成________个 Na^+ 和________个 K^+ 的运输。

9. 细胞处于静息电位时，也称处于________状态，其电位表现为内________外________。

10. 骨骼肌进行收缩和舒张的基本功能单位是________。

11. 在肌原纤维内含有两种肌丝。粗肌丝的实质是________，细肌丝由 3 个成分构成，即________、________、________。

三、名词解释

1. 易化扩散　2. 继发性主动转运　3. 静息电位　4. 极化　5. 去极化
6. 超极化　7. 动作电位　8. 绝对不应期　9. 阈强度　10. 兴奋收缩耦联

四、问答题

1. 单纯扩散和易化扩散有何异同？请举例说明。

2. 钠泵的化学本质和功能是什么？其活动有何生理意义？

3. 何谓动作电位？试述动作电位的特征并解释出现这些特征的原因。

4. 阈值和阈电位分别与兴奋性有何关系？

5. 试述神经-肌接头处兴奋的传递过程。

6. 在人工制备的坐骨神经-腓肠肌标本上，从电刺激神经到引起肌肉收缩的整个过程中依次发生了哪些生理活动？

第三章　血　　液

一、单项选择题

1. 组织液与血浆成分的主要区别是组织液内（　　）
A. 不含血细胞　B. 蛋白含量低　C. Na^+ 含量高
D. K^+ 含量高　E. Cl^- 含量高

2. 正常人的血浆渗透压约为（　　）
A. 200mmol/L　B. 250mmol/L　C. 300mmol/L
D. 350mmol/L　E. 400mmol/L

3. 决定血浆 pH 的主要缓冲对是（　　）
A. K_2HPO_4/KH_2PO_4　B. $KHCO_3/H_2CO_3$　C. Na_2HPO_4/NaH_2PO_4
D. $NaHCO_3/H_2CO_3$　E. 蛋白质钠盐/蛋白质

4. 血浆晶体渗透压的形成主要决定于血浆中的（　　）
A. 各种正离子　B. 各种负离子　C. Na^+ 和 Cl^-
D. 氨基酸和尿素　E. 葡萄糖和氨基酸

5. 全血的比重主要决定于（　　）
A. 血浆蛋白含量　B. 渗透压的高低　C. 红细胞数量
D. 白细胞数量　E. NaCl 的浓度

6. 血浆胶体渗透压的生理作用是（　　）
A. 调节血管内外水的交换　B. 调节细胞内外水的交换　C. 维持细胞正常体积
D. 维持细胞正常形态　E. 决定血浆总渗透压

7. 下列哪项不是血浆蛋白的生理功能（　　）
A. 运输 O_2 和 CO_2　　B. 缓冲功能　　C. 参与生理止血
D. 参与机体的免疫功能　　E. 维持血浆胶体渗透压
8. 不易通过红细胞膜的是（　　）
A. O_2 和 CO_2　　B. 尿素　　C. H_2O　　D. H_2CO_3　　E. K^+和 Na^+
9. 红细胞所需的能量主要来自（　　）
A. 葡萄糖的有氧氧化　　B. 糖原异生　　C. 糖原分解
D. 糖酵解　　E. 脂肪酸氧化
10. 低温储存较久的血液，血浆中哪种离子浓度升高（　　）
A. Na^+　　B. Ca^{2+}　　C. K^+　　D. Cl^-　　E. HCO_3^-
11. 红细胞变形能力的大小取决于红细胞的（　　）
A. 体积　　B. 表面积　　C. 数量　　D. 比重　　E. 表面积与体积的比值
12. 调节红细胞生成的主要体液因素是（　　）
A. 雄激素　　B. 雌激素　　C. 甲状腺激素
D. 促红细胞生成素　　E. 生长激素
13. 合成血红蛋白的基本原料是（　　）
A. 铁和叶酸　　B. 钴和维生素 B_{12}　　C. 蛋白质和内因子
D. 铁和蛋白质　　E. 钴和蛋白质
14. 胃大部分切除后出现巨幼红细胞性贫血，是由于下列哪种物质吸收障碍所致（　　）
A. 蛋白质　　B. 叶酸　　C. 维生素 B_{12}　　D. 脂肪　　E. 铁
15. 产生促红细胞生成素的主要部位是（　　）
A. 骨髓　　B. 肝　　C. 脾　　D. 肾　　E. 腺垂体
16. 红细胞的主要功能是（　　）
A. 缓冲 pH　　B. 缓冲温度　　C. 运输激素
D. 运输铁　　E. 运输 O_2 和 CO_2
17. 正常成年男性红细胞及血红蛋白高于女性，主要是由于男性（　　）
A. 活动量大，组织相对缺氧　　B. 骨骼粗大，骨髓造血较多　　C. 体重大
D. 雄激素多　　E. 促红细胞生成素多
18. 中性粒细胞的主要功能是（　　）
A. 释放细胞毒素　　B. 产生抗体　　C. 参与生理性止血
D. 释放组胺　　E. 吞噬异物
19. 血小板减少的患者，皮肤黏膜常自发性出现出血点和紫癜，主要是由于（　　）
A. 不易形成止血栓　　B. 血管不易收缩
C. 不能维持血管内皮的完整性　　D. 血凝块回缩障碍
E. 血液凝固障碍
20. 血液凝固的发生是由于（　　）
A. 纤维蛋白溶解　　B. 纤维蛋白的激活
C. 纤维蛋白原变为纤维蛋白　　D. 血小板聚集与红细胞叠连
E. FⅧ的激活
21. 血清与血浆的主要区别在于血清缺乏（　　）
A. 纤维蛋白　　B. 5-羟色胺　　C. 凝血因子
D. 血小板　　E. Ca^{2+}

22. 肝素抗凝的主要机制是（　　）
A. 抑制凝血酶原的激活　　B. 抑制 FX的激活
C. 促进纤维蛋白吸附凝血酶　　D. 增强抗凝血酶Ⅲ活性
E. 抑制血小板聚集
23. ABO 血型系统中，天然抗体一般为（　　）
A. IgA　B. IgD　C. IgE　D. IgG　E. IgM
24. 某人血浆中含有抗 A、抗 B 凝集素，则该人的血型可能是（　　）
A. A_1 型　B. B 型　C. AB 型　D. A_2B 型　E. O 型
25. 某人的红细胞与 B 型血的血清发生凝集，而其血清与 B 型血的红细胞不发生凝集，分析此人的血型为（　　）
A. A 型　B. B 型　C. AB 型　D. O 型　E. Rh 阳性
26. Rh 阳性是指红细胞膜上含有（　　）
A. A 抗原　B. B 抗原　C. C 抗原　D. D 抗原　E. E 抗原
27. 需要紧急输血时主要考虑（　　）
A. 受血者的血清不与供血者的红细胞发生凝集
B. 供血者的血清不与受血者的红细胞发生凝集
C. 受血者的血清不与供血者的血清发生凝集
D. 受血者的红细胞不与供血者的红细胞发生凝集
E. 供血者的红细胞不与标准血清发生凝集

二、填空题

1. 以细胞膜为界将体液分为________和________。血浆是________中最活跃的部分。
2. 正常成人的全部血量约占体重的________。
3. 血浆蛋白中构成血浆胶体渗透压的主要成分是________，具有免疫功能的是________。
4. 血浆胶体渗透压的生理意义是维持________的水平衡
5. 维持细胞内与细胞外之间水平衡的渗透压是________，主要是由________所形成。
6. 正常人血液 pH 为________。白细胞数量为________，血小板数量为________。
7. 红细胞的脆性越小，说明红细胞对低渗盐溶液的抵抗力越________，越不易________。
8. 红细胞生成的主要原料是________和________。
9. 红细胞生成的成熟因子是________和________。
10. 红细胞生成的主要调节因素是________和________。
11. 白细胞可根据其细胞质中有无特殊嗜色颗粒分为________和________两大类。粒细胞又可根据其嗜色性的不同分为________、________和________；无粒细胞包括和________。
12. 胃腺壁细胞功能异常可使内因子缺乏，导致________吸收障碍，可引起________。
13. 高原居民红细胞数较多，是由于缺氧而导致肾脏产生________增多所致。
14. ________型或________型血能与抗 A 凝集素发生凝集反应。
15. 血液凝固的基本过程分为________，________，________三步。

三、名词解释

1. 血细胞比容　2. 红细胞沉降率　3. 等渗溶液　4. 生理性止血
5. 红细胞渗透脆性　6. 血液凝固　7. 血清　8. 血型

四、问答题

1. 简述红细胞的形态特征及与红细胞生理特性的关系。
2. 高原居民的红细胞数量有何变化？为什么？
3. 何谓生理性止血？为什么说血小板在生理性止血中居中心地位？
4. 简述输血原则，为什么输同型血时每次输血前还必须进行交叉配血试验？

第四章 血 液 循 环

一、单项选择题

1. 心肌细胞分为快反应细胞和慢反应细胞的主要依据是（ ）
A. 静息电位的水平　B. 0 期去极化的速率　C. 平台期的长短
D. 超射值的大小　E. 动作电位时程长短
2. 兴奋传导速度最慢的心肌细胞是（ ）
A. 心房肌　B. 浦肯野纤维　C. 房室交界
D. 左右束支　E. 心室肌
3. 心室肌细胞平台期的主要跨膜离子流是（ ）
A. Na^+内流、K^+外流　B. Na^+内流、Ca^{2+}外流　C. Ca^{2+}外流、K^+内流
D. Ca^{2+}内流、K^+外流　E. K^+内流、Na^+外流
4. 心肌细胞有效不应期的长短主要取决于（ ）
A. 0 期去极化的速度　B. 超射值的大小　C. 平台期的长短
D. 静息电位水平　E. 阈电位水平
5. 房室交界处传导速度较慢的生理意义在于（ ）
A. 有利于增强心肌收缩能力　B. 有利于心房或心室同步收缩
C. 有利于心室充盈和射血的交替　D. 有效避免出现完全强直收缩
E. 有效防止出现期前收缩
6. 在心动周期中，房室瓣开放始于（ ）
A. 等容舒张期末　B. 快速充盈期末　C. 减慢充盈期末
D. 心房收缩期初　E. 心房收缩期末
7. 在心动周期中，心室充盈主要依靠（ ）
A. 地心引力的作用　B. 骨骼肌挤压和静脉瓣的共同作用
C. 心房收缩的作用　D. 心室舒张的抽吸作用
E. 胸膜腔内负压的作用
8. 健康成年男性在安静状态下的心输出量为（ ）
A. 2～3L/min　B. 5～6L/min　C. 10～15L/min
D. 20～25L/min　E.30～35L/min
9. 心率过快时心输出量减少的原因是（ ）
A. 心房收缩期缩短　B. 等容收缩期缩短　C. 心室射血期缩短
D. 等容舒张期缩短　E. 心室充盈期缩短
10. 下列哪一项指标可用来反映心脏射血的前负荷（ ）
A. 心室收缩末期容积　B. 心室舒张末期容积　C. 心室等容舒张期容积
D. 等容收缩期心室内压　E. 快速射血期心室内压
11. 心室射血的后负荷是指（ ）
A. 心室内压　B. 主动脉血压　C. 主动脉脉压

D. 总外周阻力　　E. 中心静脉压

12. 容量血管是指（　　）

A. 大动脉　B. 中动脉　C. 小、微动脉　D. 毛细血管　E. 静脉

13. 根据血流动力学原理，影响血流阻力最主要的因素是（　　）

A. 血管半径　B. 血流形式　C. 血液黏滞度　D. 血细胞比容　E. 血管长度

14. 中心静脉压正常变动范围是（　　）

A. 4～12cmH_2O　B. 0～20cmH_2O　C. 4～12mmHg

D. 0～20mmHg　E. 0～20cmHg

15. 站立过久出现下肢水肿的主要原因是（　　）

A. 下肢静脉扩张　B. 下肢血流量增大　C. 下肢淋巴回流受阻

D. 毛细血管压升高　E. 机体血容量增大

16. 在下列各微循环结构中，主要受局部代谢产物调节的是（　　）

A. 微动脉　B. 毛细血管前括约肌　C. 通血毛细血管

D. 真毛细血管　E. 微静脉

17. 右心衰竭时，发生组织水肿的原因是（　　）

A. 血管胶体渗透压降低　B. 毛细血管通透性增高

C. 组织液静水压降低　D. 淋巴回流受阻

E. 毛细血管血压升高

18. 心迷走神经节后纤维起始于（　　）

A. 迷走背核　B. 疑核　C. 孤束核

D. 星状神经节　E. 心内神经节

19. 下列各类血管中，交感缩血管纤维分布密度最高的是（　　）

A. 主动脉　B. 微动脉　C. 毛细血管

D. 微静脉　E. 大静脉

20. 下列关于压力感受性反射的描述，正确的是（　　）

A. 感受器是颈动脉体和主动脉体

B. 感受器能直接感受血压的变化

C. 在心动周期中，传入冲动频率随血压波动发生周期性变化

D. 反射中枢是延髓孤束核

E. 当传入冲动增多时，所有传出神经的冲动都减少

21. 压力感受性反射最敏感的动脉血压波动范围是（　　）

A. ＜50mmHg　B. 50～100mmHg　C. 100mmHg 左右

D. 100～150mmHg　E.＞150mmHg

22. 在持久高血压患者，压力感受性反射（　　）

A. 敏感性降低　B. 敏感性升高　C. 敏感性不变

D. 不起作用　E. 发生重调定

23. 下列哪种情况会使交感神经活动减弱（　　）

A. 动脉血压降低　B. 情绪激动　C. 失血

D. 慢跑　E. 从直立位变为平卧位

24. 主要由肾上腺皮质分泌的激素是（　　）

A. 肾素　B. 肾上腺素　C. 去甲肾上腺素

D. 血管紧张素Ⅱ　E. 醛固酮

25. 对肾素-血管紧张素系统的描述，正确的是（　　）
A. 肾素由肾球外系膜细胞合成和分泌
B. 血浆中 Na^+含量减少可刺激肾素分泌
C. 肾素可转变血管紧张素Ⅰ为血管紧张素Ⅱ
D. 血管紧张素Ⅱ主要刺激醛固酮分泌
E. 血管紧张素Ⅲ主要使血管收缩
26. 大量失血时，机体首先出现的反应是（　　）
A. 心、脑血管收缩　　B. 肾素-血管紧张素释放增多
C. 循环血中儿茶酚胺增多　　D. 尿钠排出减少
E. 外周阻力增加
27. 刺激颈动脉体主动脉体化学感受器对心血管活动的直接效应包括（　　）
A. 心率加快　　B. 冠脉收缩　　C. 骨骼肌血管舒张
D. 内脏血管收缩　　E. 心输出量增加

二、填空题

1. 心室肌细胞动作电位 1 期复极是因________外流产生的。
2. 心室肌细胞的阈电位相当于________通道的激活电位。
3. 心肌细胞的生理特性有________、________、________和________。
4. 正常成人安静时的收缩压为________，舒张压为________，脉压为________。
5. 影响动脉血压的因素有________、________、________和________。
6. 组织液生成的有效滤过压公式=________+________－________－________。
7. 支配心脏的副交感神经是________。
8. 心交感神经节后纤维兴奋时，其末梢释放的递质是________，它与心肌细胞膜上受体结合，使心率________，心肌收缩力________，房室传导________，故心输出量________。
9. 心迷走神经节后纤维兴奋时，其末梢释放的递质是________，它与心肌细胞膜上受体结合，使心率________，心肌收缩力________，房室传导________。
10. 压力感受器反射是一种________调节机制，其生理意义在于________。

三、名词解释

1. 心动周期　　2. 射血分数　　3. 心指数　　4. 期前收缩
5. 代偿间歇　　6. 血压　　7. 脉压　　8. 中心静脉压
9. 微循环　　10. 心血管中枢　　11. 血-脑屏障

四、问答题

1. 试述心室肌细胞兴奋性周期的特点及其与心肌收缩的关系。
2. 前负荷和后负荷如何影响心脏射血？
3. 简述影响动脉血压的因素。
4. 试述中心静脉压及其主要影响因素和临床意义。
5. 简述影响静脉回流的因素。
6. 微循环由哪些结构组成？有哪几条通路？各有何生理功能？
7. 组织液生成的有效滤过压如何计算？哪些因素可影响有效滤过压？
8. 试述压力感受性反射的过程、特点和生理意义。
9. 肾上腺素和去甲肾上腺素的心血管作用有何异同？

第五章 呼　　吸

一、单项选择题

1. 肺通气的原动力来自（　　）

A. 肺内压和胸膜腔内压之差　B. 肺的扩大和缩小　C. 胸廓的扩大和缩小

D. 呼吸肌的收缩和舒张　E. 胸膜腔内压的周期性变化

2. 肺内压在下列哪一时相内等于大气压（　　）

A. 吸气中和呼气中　B. 吸气中和呼气末　C. 吸气末和呼气中

D. 吸气末和呼气末　E. 呼气中和呼气末

3. 维持胸膜腔内负压的必要条件是（　　）

A. 胸膜脏层和壁层紧贴　B. 胸膜腔与外界封闭

C. 胸膜腔内有少量液体　D. 吸气肌收缩

E. 肺内压低于大气压

4. 肺表面活性物质（　　）

A. 能增加肺泡表面张力　B. 能增加肺顺应性

C. 由肺泡Ⅰ型细胞分泌　D. 主要成分是二硬脂酰卵磷脂

E. 分布于肺泡上皮细胞与表面液体层之间

5. 当肺容量约为肺总量的67%时，胸廓（　　）

A. 缩小，弹性阻力向外　B. 扩大，弹性阻力向内

C. 弹性阻力是吸气的阻力　D. 弹性阻力是呼气的阻力

E. 无变形，不表现出弹性阻力

6. 平静呼气末存留于肺内的气量称为（　　）

A. 潮气量　B. 残气量　C. 补呼气量

D. 功能残气量　E. 补吸气量

7. 决定肺部气体交换方向最主要的因素是（　　）

A. 气体的溶解度　B. 气体的分压差　C. 气体的分子量

D. 呼吸膜的通透性　E. 气体和血红蛋白的亲和力

8. 体内 PCO_2 最高的部位是（　　）

A. 组织液　B. 细胞内液　C. 毛细血管血液

D. 动脉血液　E. 静脉血液

9. 下列各项中，能较好地反映肺通气功能好坏的指标是（　　）

A. 肺活量　B. 用力呼气量　C. 补吸气量

D. 补呼气量　E. 肺扩散容量

10. 可引起氧解离曲线由正常位置右移的是（　　）

A. PCO_2 升高　B. 2，3-DPG 浓度降低　C. pH 升高

D. 温度降低　E. 吸入气中 CO 含量增加

11. 血液中 CO_2 的主要运输形式是（　　）

A. 物理溶解　B. 氨基甲酰血红蛋白　C. 碳酸氢盐

D. 氧合血红蛋白　E. 去氧血红蛋白

12. 产生呼吸节律的基本中枢位于（　　）

A. 脊髓　B. 延髓　C. 脑桥　D. 下丘脑　E. 大脑皮质

13. 血中 CO_2 分压升高使呼吸运动加强，主要通过刺激下列哪一部位而实现（　　）

A. 脑桥呼吸相关神经元 B. 中枢化学敏感区
C. 延髓呼吸神经元 D. 颈动脉窦和主动脉弓
E. 颈动脉体和主动脉体

14. 缺 O_2 使呼吸活动增强，主要通过刺激下列哪一部位而实现（ ）
A. 延髓呼吸中枢 B. 中枢化学敏感区 C. 颈动脉窦和主动脉弓
D. 脑桥呼吸中枢 E. 颈动脉体和主动脉体

15. 肺表面活性物质减少将导致（ ）
A. 肺难于扩张 B. 小肺泡内压小于大肺泡内压 C. 肺弹性阻力减小
D. 肺泡表面张力降低 E. 肺顺应性增加

16. CO 与血红蛋白的亲和力是 O_2 与血红蛋白亲和力的（ ）
A. 20 倍 B. 50 倍 C. 100 倍 D. 150 倍 E. 210 倍以上

17. 血中 H^+ 浓度升高使呼吸运动增强，主要通过刺激下列哪一部位而实现（ ）
A. 延髓呼吸中枢 B. 脑桥呼吸中枢 C. 中枢化学敏感区
D. 颈动脉体和主动脉体 E. 颈动脉窦和主动脉弓

18. 血中 PCO_2 升高使呼吸运动增强，其有效刺激是（ ）
A. 脑脊液中 H^+ 浓度增加 B. 动脉血中 PO_2 降低 C. 动脉血中 H^+ 浓度增加
D. 脑脊液中 PO_2 降低 E. 脑脊液中 PCO_2 升高

19. 正常人平静呼吸时的频率为（ ）
A. 6～8 次/分 B. 8～10 次/分 C. 10～12 次/分
D.12～18 次/分 E.20～25 次/分

20. 气体扩散速率与下列哪个因素成反比（ ）
A. 气体分压差 B. 气体扩散面积 C. 气体扩散距离
D. 气体溶解度 E. 温度

21. 在高原、高空环境下，只要吸入气 PO_2 大于 60mmHg，Hb 氧饱和度仍可达（ ）
A. 50%～60% B. 60%～70% C. 70%～80%
D. 80%～90% E. 90%以上

22. 中枢化学感受器（ ）
A. 对 O_2 含量变化敏感 B. 对 CO_2 浓度变化敏感
C. 对血中 H^+ 浓度变化敏感 D. 在低 O_2 时对维持呼吸十分重要
E. 接受刺激后迅速引起呼吸反应

23. 调节呼吸最重要的生理因素是（ ）
A. CO_2 B. O_2 C. H^+ D.2，3-DPG E. CO

24. 引起胸廓顺应性降低的因素是（ ）
A. 肺纤维化 B. 肺水肿 C. 肺气肿
D. 胸膜增厚 E. 消瘦

二、填空题

1. 外界空气由呼吸道出入肺的过程，称为________；肺泡与血液之间的气体交换称为________。

2. 内呼吸指的是________与________之间的气体交换或称组织换气。

3. 表面活性物质是由________分泌的。其主要化学成分是________，作用是________。

4. 肺通气的原动力来自________。肺通气的阻力有________和________两种。

5. CO_2 在血液中运输的主要形式是________，另外还有________和________两种形式。

6. 低 O_2 对呼吸中枢神经元的直接作用是________，而对外周化学感受器的作用是________。

7. 肺牵张反射包括________和________两个反射。

8. 调节呼吸运动的基本中枢位于________。

三、名词解释

1. 肺通气　2. 顺应性　3. 潮气量　4. 肺活量
5. 用力肺活量　6. 肺泡通气量　7. 血红蛋白氧饱和度　8. 氧解离曲线
9. 肺牵张反射

四、问答题

1. 胸膜腔负压是怎样形成的？有何作用及生理意义？
2. 试述肺表面活性物质的来源、成分和生理意义。
3. 试述影响肺换气的因素及作用机制。
4. 简述影响氧离曲线的因素。
5. 酸中毒时，呼吸有何变化？为什么？
6. 动物实验中，吸入气 CO_2 浓度增加对动物的呼吸有何影响？为什么？
7. CO 中毒对 O_2 的运输有何影响？呼吸有无变化？为什么？

第六章　消化与吸收

一、单项选择题

1. 下列关于消化道平滑肌生理特性的叙述，正确的是（　　）
A. 兴奋性比骨骼肌高　B. 伸展性小　C. 收缩缓慢
D. 对化学刺激不敏感　E. 自律性频率较高且稳定

2. 唾液中除有唾液淀粉酶和舌脂酶外，还有（　　）
A. 蛋白水解酶　B. 凝乳酶　C. 溶菌酶
D. 肽酶　E. 麦芽糖酶

3. 下列哪项不是唾液的生理作用（　　）
A. 部分消化淀粉和麦芽糖　B. 清洁和保护口腔　C. 湿润和溶解食物
D. 抗菌作用　E. 分解食物中的脂肪

4. 胃蛋白酶作用的最适 pH 是（　　）
A. 1.0～1.5　B. 2.0～3.0　C. 4.0～5.0
D. 6.0～7.0　E. 8.0～9.0

5. 下列哪种物质能促使胃蛋白酶原转变为胃蛋白酶（　　）
A. Cl^-　B. HCl　C. K^+　D. Na^+　E. 内因子

6. 下列哪项不属于胃酸的生理作用（　　）
A. 激活胃蛋白酶原　B. 使食物中蛋白质变性易于分解
C. 杀死进入胃内的细菌　D. 促进维生素 B_{12} 的吸收
E. 分解食物中的结缔组织和肌纤维

7. 下列关于胃黏膜细胞的叙述，错误的是（　　）
A. 壁细胞只分泌盐酸　B. 主细胞分泌胃蛋白酶原　C. 肠嗜铬细胞分泌组胺
D. D 细胞分泌生长抑素　E. G 细胞分泌促胃液素

8. 下列关于胃黏液-碳酸氢盐屏障的叙述，错误的是（　　）
A. 与胃黏膜屏障是同一概念

B. 由黏液及胃黏膜分泌的 HCO_3^-组成
C. 使胃黏膜表面处于中性或偏碱性状态
D. 防止胃酸及胃蛋白酶对胃黏膜的侵蚀
E. 保护胃黏膜免受食物的摩擦损伤

9. 下列关于胃排空的叙述，正确的是（　　）
A. 食物入胃后 30 分钟开始排空　B. 高张溶液比等张溶液排空快
C. 普通混合食物完全排空需 2～3 小时　D. 排空速度为糖＞脂肪＞蛋白质
E. 人的情绪也能影响排空

10. 胃特有的运动形式是（　　）
A. 紧张性收缩　B. 蠕动　C. 逆蠕动
D. 容受性舒张　E. 分节运动

11. 下列关于胰液的叙述，正确的是（　　）
A. 胰液的 pH 约为 7.0　B. 其分泌主要受神经调节
C. 在非消化期几乎不分泌　D. 胰酶主要由小导管细胞分泌
E. 每日分泌量为 0.6～0.8L

12. 使胰蛋白酶原激活的主要物质是（　　）
A. HCl　B. 肠激酶　C. HCO_3^-
D. 胰蛋白酶　E. 糜蛋白酶

13. 胆汁中与食物消化有关的成分是（　　）
A. 胆盐　B. 胆色素　C. 胆固醇　D. 脂肪酸　E. 卵磷脂

14. 在消化期促进肝细胞分泌胆汁最重要的刺激是（　　）
A. 缩胆囊素　B. 促胰液素　C. 胆盐
D. 盐酸　E. 迷走神经兴奋

15. 最重要的消化液是（　　）
A. 胃液　B. 胰液　C. 胆汁　D. 小肠液　E. 唾液

16. 下列哪项不属于胆汁的作用（　　）
A. 分解脂肪　B. 乳化脂肪　C. 促进脂肪吸收
D. 刺激胆汁分泌　E. 中和进入十二指肠内的胃酸

17. 小肠特有的主要以环行肌舒缩为主的节律性运动形式是（　　）
A. 紧张性收缩　B. 蠕动　C. 逆蠕动
D. 集团运动　E. 分节运动

18. 下列关于大肠功能的叙述，错误的是（　　）
A. 储存食物残渣、形成粪便
B. 大肠液有保护肠黏膜、润滑粪便的作用
C. 大肠内的细菌可合成维生素 B 和维生素 K
D. 大肠液的消化酶可分解纤维素
E. 大肠的主要功能之一是吸收水分

19. 可被胃黏膜吸收的物质是（　　）
A. 糖的消化产物　B. 维生素　C. 水和酒精
D. 肽类物质　E. 无机盐

20. 下列哪种物质可抑制胆固醇的吸收（　　）
A. 脂肪酸　B. 脂肪　C. 卵磷脂

D. 植物固醇　　　　　　　E. 胆盐

21. 下列关于铁在小肠被吸收的叙述，正确的是（　　）

A. 铁都以 Fe^{3+} 的形式被吸收　　B. 植酸、草酸、鞣酸可促进铁的吸收

C. 胃酸及维生素 C 可抑制铁的吸收　D. 血红蛋白中的铁不易被吸收

E. 铁主要在十二指肠和空肠被吸收

22. 食物或食物残渣在消化道内停留时间最长的部位是（　　）

A. 胃　　　　　　　　B. 十二指肠　　　　　　C. 空肠和回肠

D. 结肠　　　　　　　E. 直肠

23. 中、短链脂肪酸吸收后可直接进入（　　）

A. 肠绒毛毛细淋巴管　　B. 肠绒毛毛细血管　　C. 乳糜池

D. 胸导管　　　　　　　E. 门静脉

24. 主要在回肠吸收的物质是（　　）

A. 葡萄糖　　　　　　B. 甘油　　　　　　C. 氨基酸

D. 脂肪酸　　　　　　E. 维生素 B_{12}

二、填空题

1. 食物的消化有________和________两种形式。

2. 消化道平滑肌与骨骼肌相比较，兴奋性________，收缩________。

3. 消化器官的绝大部分都受________和________神经双重支配。

4. 支配消化器官的副交感神经主要是________神经。其兴奋可使胃肠运动________，胆囊________，括约肌________，消化腺分泌________。

5. 胃肠道黏膜内的内分泌细胞分泌的激素，称为________。

6. 促胰液素的主要生理作用：促进________和________中 HCO_3^- 的分泌。

7. 内因子是胃腺________细胞分泌的，其化学本质是________，它能保护和促进________的吸收。

8. 胃的运动形式有________、________和________。

9. 小肠的运动形式有________、________、________。

三、名词解释

1. 消化　　2. 吸收　　3. 胃肠激素　　4. 脑-肠肽

5. 蠕动　　6. 迷走-迷走反射　　7. 肠-胃反射　　8. 黏液-碳酸氢盐屏障

9. 餐后碱潮　　10. 胃排空　　11. 胆盐的肠-肝循环

12. 分节运动

四、问答题

1. 简述胃肠激素的生理作用。

2. 简述胃液的成分与生理作用。

3. 简述胃液分泌的抑制性因素及其作用机制。

4. 试述胃排空的过程及其影响因素。

5. 试述胰液的成分及生理作用。

6. 简述排便反射的过程。

7. 试述糖在消化道内的消化与吸收。

8. 简述小肠吸收功能的有利条件。

9. 为什么胃不会消化其自身？

第七章　能量代谢和体温

一、单项选择题

1. 体内组织器官主要依靠糖的有氧氧化供能的是（　　）
A. 脑和心肌　B. 心肌和骨骼肌　C. 平滑肌和消化腺
D. 心肌和平滑肌　E. 肾和肾上腺
2. 机体活动所需要的能量直接来源于（　　）
A. 糖　B. 脂肪　C. 蛋白质　D. 三磷酸腺苷　E. 磷酸肌酸
3. 主要依靠糖无氧酵解供能的是（　　）
A. 红细胞　B. 脑　C. 骨骼肌　D. 平滑肌　E. 脂肪组织
4. 人在长期饥饿情况下，其呼吸商接近于（　　）
A. 0.6　B. 0.7　C. 0.8　D. 0.85　E. 1.0
5. 人在摄取混合食物时，其呼吸商通常为（　　）
A. 0.6　B. 0.7　C. 0.8　D. 0.85　E. 1.0
6. 下列哪项对能量代谢影响最为显著（　　）
A. 环境温度增高　B. 环境温度降低　C. 进食活动
D. 肌肉活动　E. 精神活动
7. 在体内，主要用于供能的营养物质是（　　）
A. 糖与脂肪　B. 糖与蛋白质　C. 脂肪与蛋白质
D. 脂肪与核酸　E. 糖、脂肪与蛋白质
8. 特殊动力效应最为显著的食物是（　　）
A. 糖类　B. 三酰甘油　C. 胆固醇
D. 蛋白质　E. 混合性食物
9. 临床上测定基础代谢率，主要用以判断下列哪种组织器官的功能状态（　　）
A. 甲状腺　B. 肾上腺　C. 脑　D. 心　E. 肝
10. 可引起基础代谢率升高的是（　　）
A. 甲状腺功能亢进　B. 病理性饥饿　C. 阿狄森病
D. 肾病综合征　E. 垂体性肥胖症
11. 下列内脏器官中，温度最高的是（　　）
A. 肝　B. 胰腺　C. 肾　D. 十二指肠　E. 直肠
12. 在测定基础代谢率的注意事项中，错误的是（　　）
A. 于清晨、卧床、醒来之前进行　B. 无精神紧张
C. 无肌肉活动　D. 测定前至少禁食 12 小时
E. 室温保持在 20～25℃
13. 成年女子的体温平均比男子的体温高约（　　）
A. 0.2℃　B. 0.3℃　C. 0.4℃　D. 0.5℃　E. 0.6℃
14. 通常认为，控制生物节律的主要中枢结构是（　　）
A. 视上核　B. 视交叉上核　C. 视前核
D. 下丘脑前核　E. 灰白结节
15. 调节人体产热活动最重要的体液因素是（　　）
A. 去甲肾上腺素　B. 肾上腺素　C. 甲状腺激素
D. 甲状旁腺激素　E. 生长素

16. 在环境温度约 23℃时，体表体温最低的部位是（　　）
A. 额部　B. 躯干部　C. 手部　D. 小腿部　E. 足部
17. 人体在劳动状态下的主要产热器官是（　　）
A. 脑组织　B. 心　C. 肝　D. 骨骼肌　E. 皮肤
18. 机体的所有组织中，代谢产热功能最强的是（　　）
A. 褐色脂肪组织　B. 脑　C. 骨骼肌
D. 腺体　E. 心肌
19. 人体小汗腺分布密度最大的部位是（　　）
A. 额部和腋窝　B. 躯干和四肢　C. 腋窝和外阴部
D. 手背和足背　E. 手掌和足跖
20. 人体小汗腺分泌能力最强的部位是（　　）
A. 额部和腋窝　B. 躯干和四肢　C. 腋窝和外阴部
D. 手背和足背　E. 手掌和足跖
21. 循环系统对体温的调节主要通过改变下列哪一因素而实现（　　）
A. 皮肤血流量　B. 血液温度　C. 心输出量
D. 血流速度　E. 逆流交换效率

二、填空题

1. 人体唯一能利用的能量是食物中所蕴藏的________能，机体摄取的物质中________和________是主要的能量来源。
2. 长期病理性饥饿情况下，能量主要来自机体本身的________，故________接近于 0.80。
3. 基础代谢率是指人体在清醒而又非常安静的状态下，不受________、________、________和________等因素的影响时的能量代谢率。
4. 体温是指机体的________温度，临床上常用________、________、________的温度来代表体温。
5. 用冰袋、冰帽等给高热病人降温是增加患者的________散热，酒精擦浴是增加________散热。
6. 皮肤蒸发散热有________和________两种形式，当环境温度超过 30℃时，人体主要以________方式散热。
7. 影响能量代谢的因素有四种：即________、________、________和________。
8. 机体的散热形式有四种：即________、________、________和________。

三、名词解释

1. 能量代谢　2. 食物的氧热价　3. 呼吸商　4. 基础代谢率
5. 食物的特殊动力效应　6. 体温　7. 调定点

四、问答题

1. 影响能量代谢的因素有哪些？为什么？
2. 什么是基础代谢率？测定基础代谢率需要控制哪些因素？
3. 简述机体的主要产热器官。
4. 人体有哪些散热途径？皮肤的散热方式有哪些？各有何意义？
5. 何谓体温？常用的测定方法有几种？正常值是多少？受哪些因素影响？
6. 体温是如何维持恒定的？

第八章　尿的生成和排出

一、单项选择题

1. 下列各项中，能使肾小球有效滤过压降低的是（　　）
A. 血浆晶体渗透压升高　　B. 血浆胶体渗透压升高
C. 肾小囊内静水压降低　　D. 肾小球毛细血管血压升高
E. 肾小囊内胶体渗透压升高

2. 皮质肾单位的主要功能是（　　）
A. 超滤液的形成和重吸收　　B. 尿液的浓缩和稀释
C. 血量和血压的维持　　D. 酸碱平衡的调节
E. 药物和毒物的排泄

3. 给家兔静脉注射 25%葡萄糖 10ml 后尿量增加，其原因是（　　）
A. 抗利尿激素分泌减少　　B. 肾小球滤过率增加
C. 肾血浆晶体渗透压增高　　D. 肾小管液溶质浓度增高
E. 肾血流量增多

4. 与肾小球滤过无关的因素是（　　）
A. 血浆晶体渗透压　　B. 血浆胶体渗透压　　C. 肾血流量
D. 滤过膜的面积　　E. 滤过膜的通透性

5. 肾小管超滤液中葡萄糖全部被重吸收的部位是（　　）
A. 近端小管　　B. 髓袢降支　　C. 髓袢升支
D. 远端小管　　E. 集合管

6. 肾血流量的绝大部分供应（　　）
A. 肾被膜　　B. 肾皮质层　　C. 肾外髓部
D. 肾内髓部　　E. 肾盂

7. 近端小管对 Na^+的重吸收量经常是 Na^+滤过量的（　　）
A. 55%～65%　　B. 65%～70%　　C. 75%～80%
D. 85%～90%　　E. 95%～99%

8. 腰骶部脊髓受损时，排尿功能障碍表现为（　　）
A. 尿失禁　　B. 尿频　　C. 尿潴留　　D. 多尿　　E. 尿痛

9. 肾维持机体水平衡的功能主要通过对下列哪一过程的调节而实现（　　）
A. 肾小球的滤过量　　B. 近端小管对水的重吸收量
C. 髓袢降支对水的重吸收量　　D. 远端小管和集合管对水的重吸收量
E. 肾小管的分泌功能

10. 主要调节远端小管和集合管水重吸收的内源性物质是（　　）
A. 醛固酮　　B. 肾上腺素　　C. 抗利尿激素
D. 血管紧张素Ⅱ　　E. 糖皮质激素

11. 对水分容易通透而对 Na^+不容易通透的肾小管是（　　）
A. 近端小管　　B. 髓袢降支细段　　C. 髓袢升支细段
D. 髓袢升支粗段　　E. 远端小管和集合管

12. 下列哪种生理活动改变能使抗利尿激素分泌增多（　　）
A. 循环血量增加　　B. 血浆晶体渗透压增高　　C. 血浆胶体渗透压增高
D. 心房钠尿肽分泌增多　　E. 下丘脑调节肽释放增多

13. 下列哪种情况可使抗利尿激素分泌减少（　　）
A. 大量出汗　B. 大量失血　C. 大量饮清水
D. 疼痛、焦虑或手术应激　E. 脑室内注射高渗盐水
14. 下列各种肾小管或集合管中，尿素最容易通透的是（　　）
A. 髓袢降支细段　B. 髓袢升支粗段　C. 远端小管
D. 集合管皮质部　E. 集合管内髓部
15. 下列哪种激素可直接促进远端小管和集合管对 Na^+和 Cl^-的重吸收（　　）
A. 血管紧张素Ⅱ　B. 血管升压素　C. 心房钠尿肽
D. 醛固酮　E. 肾上腺素
16. 正常成年人的肾小球滤过率约为（　　）
A. 100ml/min　B. 125ml/min　C. 250ml/min　D. 1L/min　E. 180L/min
17. 肾髓质渗透压梯度的维持依靠（　　）
A. 弓形动脉　B. 小叶间动脉　C. 管周毛细血管网
D. 直小血管　E. 弓形静脉
18. 饮大量清水后尿量增多的主要原因是（　　）
A. 肾血流量增加　B. 醛固酮分泌减少　C. 抗利尿激素分泌减少
D. 血浆胶体渗透压降低　E. 肾小球滤过率增加
19. 大量出汗时尿量减少的主要原因是（　　）
A. 血容量减少，导致肾小球滤过减少
B. 动脉血压降低，引起抗利尿激素分泌增加
C. 交感神经兴奋，引起抗利尿激素分泌增加
D. 血浆晶体渗透压升高，引起抗利尿激素分泌增加
E. 血浆胶体渗透压升高，导致肾小球滤过率减少
20. 远端小管和集合管所分泌的 NH_3 主要来自（　　）
A. 精氨酸　B. 谷氨酰胺　C. 丙氨酸
D. 甘氨酸　E. 亮氨酸
21. 小管液中水的等渗性重吸收发生于（　　）
A. 近端小管　B. 髓袢降支细段　C. 髓袢升支细段
D. 髓袢升支粗段　E. 远端小管和集合管
22. 下列哪一种情况可引起抗利尿激素分泌增加（　　）
A. 静脉注射 1L 高张 NaCl 溶液　B. 静脉注射 1L 等渗尿素溶液
C. 静脉注射 1L 5%葡萄糖溶液　D. 增加细胞外液量
E. 升高动脉血压
23. 毁损下丘脑视上核和室旁核，将引起（　　）
A. 尿量增加，尿液高度稀释　B. 尿量增加，尿液高度浓缩
C. 尿量减少，尿液高度稀释　D. 尿量减少，尿液高度浓缩
E. 尿量不变，尿液高度稀释
24. 在病理情况下出现蛋白尿的原因是（　　）
A. 肾小球滤过率增加　B. 滤过膜上带负电荷的糖蛋白减少
C. 血浆蛋白含量增多　D. 肾小管重吸收蛋白质减少
E. 肾血流量增加
25. 动脉血压在 80～180mmHg 变动时，肾血流量可保持相对稳定，这是由于下列哪一

种调节的结果（ ）

A. 球-管平衡　B. 副交感神经系统调节

C. 交感-肾上腺髓质系统调节　D. 肾素-血管紧张素系统调节

E. 自身调节

26. 可使醛固酮分泌减少的因素是（ ）

A. 循环血量减少　B. 血 K^+浓度下降　C. 血 Na^+浓度下降

D. 腺垂体分泌 ACTH 减少　E. 血管紧张素Ⅲ血浓度升高

27. 醛固酮作用于肾的（ ）

A. 近端小管上皮细胞　B. 入球小动脉肌上皮样细胞

C. 远端小管致密斑细胞　D. 远端小管和集合管主细胞

E. 远端小管和集合管闰细胞

28. 具有分泌肾素功能的结构是（ ）

A. 致密斑　B. 系膜细胞　C. 间质细胞　D. 颗粒细胞　E. 近髓肾单位

29. 肾脏的基本功能单位是（ ）

A. 肾小球　B. 肾小体　C. 肾小管　D. 集合管　E. 肾单位

30. 肾小球毛细血管血压较高，主要适应于（ ）

A. 肾小球耗氧量较大　B. 肾小球滤过作用

C. 肾脏的代谢需要　D. 致密斑的代谢需要

E. 球管平衡的需要

二、填空题

1. 机体的排泄途径有________、________、________和________；其中重要的排泄途径为________。

2. 肾脏的基本功能单位为________，由________和________两部分构成。

3. 肾脏的主要功能是________，此外还具有________功能。

4. 醛固酮作用于肾远曲小管和集合管产生________作用，ADH 与醛固酮的作用部位相同，使小管的上皮细胞对________的通透性增加。

5. 终尿中的 Na^+主要来自于________，而其中的 K^+主要来自于________小管和集合管的分泌。

6. 血浆渗透压升高，ADH 分泌________，Na^+________或 K^+________使醛固酮分泌升高。

7. 大量饮清水，使血浆晶体渗透压________产生的利尿称为________。

8. 肾脏中________可以感受肾小管液中 NaCl 量的变化，而具有合成分泌肾素的功能。

9. 大量出汗尿量减少，主要由于血浆________渗透压________，引起________分泌增加所致。

10. 肾盂或输尿管结石的情况下，囊内压________，有效滤过压________，肾小球滤过率________，尿量________。

11. 引起 ADH 释放的有效刺激是________、________和________。

12. 尿生成的 3 个过程是________、________和________。

13. 当膀胱内尿量达________时，可产生尿意，引起排尿反射，该反射的初级中枢在________，高级中枢在________。

三、名词解释

1. 排泄　2. 肾小球滤过率　3. 滤过分数　4. 肾小球血浆流量

5. 肾糖阈　　6. 水利尿　　7. 渗透性利尿

四、问答题

1. 试述肾血流量的调节。
2. 试述肾小球的滤过功能。
3. 简述尿浓缩和稀释的过程。
4. 试述醛固酮对肾小管的作用及其机制。
5. 试分析水利尿和渗透性利尿产生的不同机制。
6. 试分析大失血低血压时尿量的改变及其机制。
7. 试分析大量出汗后尿量的改变及其机制。
8. 正常成年人一次迅速大量饮清水 1000ml 或饮生理盐水 1000ml 或快速静脉输入生理盐水 1000ml，试问上述三种不同情况下，尿量有何变化？为什么？

第九章　感觉器官的功能

一、单项选择题

1. 眼的折光系统不包括（　　）

A. 晶状体　　B. 视网膜　　C. 角膜　　D. 房水　　E. 玻璃体

2. 下列关于折光系统光学特征的叙述，错误的是（　　）

A. 入射光线的折射主要发生在角膜
B. 房水、晶状体和玻璃体的折光力均可被调节
C. 6m 以外物体发出的光线可认为是平行光线
D. 正常人眼在未调节时，后主焦点的位置位于视网膜
E. 视网膜像在分辨能力限度以下时不被感知

3. 入射光线的折射主要发生在（　　）

A. 角膜的前表面　　B. 角膜的后表面　　C. 晶状体的前表面
D. 晶状体的后表面　　E. 玻璃体的前表面

4. 正常人视力的限度为（　　）

A. 视网膜中央凹处一个视杆细胞的平均直径
B. 视网膜中央凹处一个视杆细胞的平均半径
C. 视网膜中央凹处一个视锥细胞的平均半径
D. 人所能看清楚的最小视网膜上像的大小
E. 人所能看清楚的物体的大小

5. 下列关于正常人眼调节的叙述，正确的是（　　）

A. 视远物时需调节才能清晰地成像于视网膜上
B. 晶状体变凸使物像后移而成像于视网膜上
C. 近点距离越近，眼的调节能力越差
D. 人眼的调节主要靠双眼球会聚来实现
E. 眼视近物时晶状体形状的改变通过反射实现

6. 视网膜上的感光细胞为（　　）

A. 色素上皮细胞　　B. 视锥和视杆细胞　　C. 双极细胞
D. 神经节细胞　　E. 无长突细胞

7. 下列关于眼调节的叙述，错误的是（　　）

A. 正常人眼视近物时需调节才能清晰成像于视网膜

B. 晶状体弹性减弱时，眼的调节能力降低
C. 主要靠改变晶状体的折光力来实现
D. 瞳孔缩小时增大球面像差和色像差
E. 双眼会聚也起重要作用
8. 当用光照射正常人的左眼时（　　）
A. 左眼瞳孔缩小，右眼瞳孔不变
B. 右眼瞳孔缩小，左眼瞳孔不变
C. 左眼瞳孔缩小，右眼瞳孔扩大
D. 两眼瞳孔都不变　　E. 两眼瞳孔均缩小
9. 当睫状肌收缩，悬韧带松弛时，晶状体的（　　）
A. 前表面曲率增加，折光能力增强　　B. 后表面曲率增加，折光能力增强
C. 前表面曲率减小，折光能力减弱　　D. 后表面曲率减小，折光能力减弱
E. 前表面曲率不变，折光能力不变
10. 瞳孔在弱光下散大，而在强光下缩小，称为（　　）
A. 明适应　　B. 暗适应　　C. 瞳孔对光反射
D. 瞳孔调节反射　　E. 互感性对光反射
11. 近视发生的原因是（　　）
A. 眼球前后径过长或折光系统折光能力过弱
B. 眼球前后径过短或折光系统折光能力过弱
C. 眼球前后径过长或折光系统折光能力过强
D. 眼球前后径过短或折光系统折光能力过强
E. 眼球前后径正常而视网膜感光细胞直径变大
12. 视杆系统（　　）
A. 对光敏感度高，有色觉，分辨力弱　　B. 对光敏感度低，有色觉，分辨力弱
C. 对光敏感度高，无色觉，分辨力弱　　D. 对光敏感度低，无色觉，分辨力高
E. 对光敏感度低，有色觉，分辨力高
13. 散光产生的主要原因是（　　）
A. 折光能力过弱　　B. 眼球前后径过短
C. 角膜表面各方向曲率不等　　D. 折光能力过强
E. 晶状体变混浊
14. 下列哪种因素可引起青光眼（　　）
A. 眼内压降低　　B. 眼球变形　　C. 房水流失
D. 房水排出受阻　　E. 角膜曲度改变
15. 瞳孔对光反射的中枢位于（　　）
A. 延髓　　B. 中脑　　C. 纹状体
D. 下丘脑　　E. 大脑皮质
16. 与正视眼相比较，远视眼的（　　）
A. 近点移远，看远物需调节，看近物不需要调节
B. 近点移近，看远物需调节，看近物不需要调节
C. 近点移远，看远物不需要调节，看近物需调节
D. 近点移近，看远物不需要调节，看近物需调节
E. 近点移远，看远物和近物均需调节

17. 下列关于正常视野的叙述，正确的是（　　）
A. 颞侧和上方视野较小　　B. 鼻侧和上方视野较大
C. 颞侧和下方视野较大　　D. 鼻侧和下方视野较小
E. 颞侧和上方视野较大
18. 临床上较为多见的色盲是（　　）
A. 红色盲　　B. 绿色盲　　C. 红色盲和绿色盲
D. 黄色盲和蓝色盲　　E. 黄色盲
19. 下列关于远视的叙述，正确的是（　　）
A. 近点比正视眼近　　B. 看远物时不需要调节
C. 眼球前后径过短　　D. 可用柱面镜矫正
E. 折光系统的折光能力太强
20. 下列关于近视的叙述，正确的是（　　）
A. 眼球前后径过短　　B. 近点大于正视眼
C. 平行光线聚焦于视网膜后　　D. 可用凹透镜纠正
E. 眼的折光力过弱
21. 乘电梯上升时可反射性引起四肢的（　　）
A. 伸肌紧张抑制，下肢屈曲　　B. 伸肌紧张加强，下肢伸直
C. 屈肌紧张抑制，下肢伸直　　D. 伸肌和屈肌紧张都加强，下肢无姿势改变
E. 伸肌和屈肌紧张都抑制，下肢无姿势改变
22. 人眼近点的远近主要决定于（　　）
A. 空气-角膜界面　　B. 晶状体弹性　　C. 角膜曲度
D. 瞳孔直径　　E. 眼球前后径
23. 正常人耳能感受的振动频率范围为（　　）
A. 20～20 000Hz　　B. 200～20 000Hz　　C. 1000～20 000Hz
D. 2000～20 000Hz　　E. 10 000～20 000Hz
24. 下列关于骨传导的叙述，正确的是（　　）
A. 是指经过骨链的传导途径　　B. 敏感性与气传导基本相同
C. 在正常声波传导中作用很小　　D. 毛细胞顶端膜内外电位差特别大
E. 耳蜗病变时通常不受损
25. 声波由鼓膜经听骨链到达卵圆窗膜时，振动的（　　）
A. 压强增大，振幅不变　　B. 压强增大，振幅减小
C. 压强增大，振幅增大　　D. 压强减小，振幅减小
E. 压强减小，振幅不变
26. 椭圆囊和球囊囊斑的适宜刺激是（　　）
A. 角加速运动　　B. 角匀速运动　　C. 直线加速运动
D. 直线匀速运动　　E. 不规则运动
27. 感音性耳聋的病变部位在（　　）
A. 外耳道　　B. 咽鼓管　　C. 鼓膜　　D. 听骨链　　E. 耳蜗
28. 纠正散光通常用（　　）
A. 棱镜　　B. 墨镜　　C. 凹透镜　　D. 柱面镜　　E. 凸透镜

二、填空题

1. 进入人眼内的光线，在到达视网膜之前要通过四个折射率不同的介质，即________、

________、________、________。

2. 正常的眼看清近物是由于眼的调节功能，包括________、________、________。

3. 瞳孔对光反射的中枢在________，在强光下瞳孔________，反射的感受器在________。

4. 视网膜上有两种感光细胞，它们是________细胞和________细胞。

5. 视网膜上的________细胞具有辨别颜色的能力。

6. 正常声波传入内耳主要有2条途径，它们是________和________。

三、名词解释

1. 感受器　2. 换能作用　3. 适应现象　4. 折光系统
5. 近点　6. 视力　7. 暗适应和明适应　8. 瞳孔对光反射

四、问答题

1. 正常人眼视近物时发生哪些调节活动？简述其反射途径。
2. 为什么长期维生素A摄入不足会引起夜盲症？
3. 简述近视眼与远视眼的发生原因。两者看物时在调节上有何区别？如何矫正？

第十章　神经系统的功能

一、单项选择题

1. 下列关于神经纤维传导速度的描述，正确的是（　）
A. 直径越大，传导越慢　B. 增加细胞外K^+浓度可加快传导
C. 髓鞘越厚，传导越慢　D. 一定范围内升高温度可加快传导
E. 麻醉不影响传导速度

2. 关于神经纤维轴浆运输的描述，正确的是（　）
A. 轴突内的轴浆并非经常在流动　B. 顺向和逆向轴浆运输的速度相等
C. 狂犬病病毒可经顺向轴浆运输而扩散　D. 与神经的功能性和营养性作用有关
E. 与维持神经结构和功能的完整性无关

3. 神经末梢膜上哪一种离子通道的开放与递质的释放密切相关（　）
A. 电压门控 K^+通道　B. 电压门控 Na^+通道　C. 电压门控 Ca^{2+}通道
D. ACh门控阳离子通道　E. 化学门控 Na^+通道

4. 兴奋性突触后电位（　）
A. 即突触后神经元处于兴奋状态　B. 经一中间神经元的中介而产生
C. 由突触后膜 K^+电导增加而产生　D. 由突触后膜 Ca^{2+}电导增加而产生
E. 可随突触前递质释放增多而加大

5. 神经元兴奋时，首先产生扩布性动作电位的部位是（　）
A. 树突　B. 胞体　C. 轴丘　D. 轴突始段　E. 轴突末梢

6. 下列哪一种神经纤维属于胆碱能纤维（　）
A. 所有自主神经节前纤维　B. 所有副交感节后纤维
C. 所有支配胰的交感节后纤维　D. 所有支配汗腺的交感节后纤维
E. 所有交感舒血管神经纤维

7. 毒蕈碱受体分布于（　）
A. 自主神经节的节后神经元　B. 骨骼肌细胞膜上的运动终板
C. 多数受副交感神经支配的组织　D. 多数受交感神经支配的组织
E. 所有中枢胆碱能敏感神经元

8. 应用阿托品后可出现的生理活动改变是（ ）
A. 心率减慢 B. 气道阻力增加 C. 闭汗
D. 肠蠕动增加 E. 缩瞳
9. 当去甲肾上腺素与 α 受体结合时，下列哪一种肌肉舒张（ ）
A. 血管平滑肌 B. 子宫平滑肌 C. 虹膜辐射状肌
D. 胃肠括约肌 E. 小肠平滑肌
10. 当去甲肾上腺素与 β 受体结合时，下列哪一种肌肉收缩或收缩加强（ ）
A. 心房心室肌 B. 子宫平滑肌 C. 小肠平滑肌
D. 血管平滑肌 E. 支气管平滑肌
11. 在下列各种中枢神经元联系方式中，能产生后发放效应的是（ ）
A. 单线式联系 B. 辐散式联系 C. 聚合式联系
D. 链锁式联系 E. 环式联系
12. 下列关于中枢兴奋传播特征的描述，正确的是（ ）
A. 双向传布 B. 对内环境变化敏感 C. 不衰减传递
D. 兴奋节律不变 E. 不易疲劳
13. 关于特异感觉投射系统的描述，正确的是（ ）
A. 仅指丘脑感觉接替核及其向大脑皮质的投射纤维
B. 感觉接替核在所有感觉传导通路中都是第三级神经元
C. 与大脑皮质有点对点的投射关系
D. 主要与大脑皮质第二层的神经元形成突触联系
E. 主要作用在于诱发大脑皮质小锥体细胞兴奋
14. 非特异性感觉投射系统的功能是（ ）
A. 产生各种体表和内脏的感觉 B. 维持和改变大脑皮质的兴奋状态
C. 抑制大脑皮质的活动 D. 激发大脑皮质发出传出神经冲动
E. 建立丘脑和大脑皮质之间的反馈联系
15. 非特异投射系统不能引起特定感觉的原因是（ ）
A. 接受感觉传导道的侧支联系 B. 与丘脑第二类细胞群无纤维联系
C. 进入大脑皮质各层 D. 通路失去各特定感觉的专一性
E. 易受环境因素和药物的影响
16. 关于大脑皮质中央后回感觉投射规律的叙述，正确的是（ ）
A. 躯体为交叉性投射，而头面部为同侧性投射
B. 投射区大小与躯体各部位大小一致
C. 躯体和头面部内部均为倒置性安排
D. 肌肉牵张感觉在前，慢快适应感觉居中，关节等感觉在后
E. 下肢在顶部，头面部居中，上肢在底部
17. 下列关于体表快痛和慢痛的描述，正确的是（ ）
A. 快痛和慢痛同时出现，慢痛持续时间长
B. 定位都很明确，慢痛呈烧灼样感觉
C. 传入纤维都是 C 类纤维，慢痛的更细一些
D. 皮质投射区域都位于第一和第二感觉区
E. 许多纤维经非特异投射系统到达大脑皮质广泛区域
18. 内脏痛最主要的特点是（ ）

A. 尖锐的刺痛 B. 潜伏期和持续时间长 C. 定位不明确
D. 伴有情绪和心血管反应 E. 对牵拉性刺激不敏感

19. 关于牵涉痛的描述，正确的是（ ）
A. 为患病内脏周边区的痛觉过敏 B. 体腔壁痛是牵涉痛的一种表现
C. 牵涉痛的放射部位具有确定性 D. 所有内脏痛都有牵涉痛的表现
E. 牵涉痛是疾病预后不良的征兆

20. 下列关于脊髓γ运动神经元的描述，正确的是（ ）
A. 支配骨骼肌梭外肌纤维 B. 轴突末梢释放甘氨酸递质
C. 兴奋性较α运动神经元低 D. 活动随α运动神经元活动增强而减弱
E. 可调节肌梭对牵张刺激的敏感性

21. 下列关于脊休克的描述，正确的是（ ）
A. 脊休克现象由切断损伤的刺激所引起
B. 脊休克现象只发生在切断水平以下的部分
C. 所有脊休克症状均可完全恢复
D. 动物进化程度越高，恢复速度越快
E. 恢复后再次横断脊髓可重现脊休克现象

22. 脊髓高位离断的病人，在脊休克过去后的表现为（ ）
A. 离断面下伸肌反射增强 B. 离断面下屈肌反射减弱
C. 离断面下感觉和随意运动能力永久丧失 D. 排便、排尿能力恢复正常
E. 血压回升至正常水平并保持稳定

23. 维持躯体姿势最基本的反射活动是（ ）
A. 腱反射 B. 肌紧张 C. 屈肌反射
D. 对侧伸肌反射 E. 节间反射

24. 在中脑上下叠体之间切断动物脑干，将会出现（ ）
A. 脊休克 B. 去大脑僵直 C. 昏睡不醒
D. 站立不稳 E. 运动共济失调

25. 下列哪一神经通路受损可导致帕金森病（ ）
A. 黑质-纹状体多巴胺能通路 B. 纹状体内胆碱能通路
C. 纹状体-黑质γ-氨基丁酸能通路 D. 结节-漏斗多巴胺能通路
E. 脑干网状结构胆碱能系统

26. 交感神经兴奋时，可引起（ ）
A. 瞳孔缩小 B. 膀胱逼尿肌收缩 C. 唾液腺分泌黏稠唾液
D. 胃肠括约肌舒张 E. 有孕子宫舒张

27. 副交感神经兴奋时，可引起（ ）
A. 瞳孔散大 B. 汗腺分泌 C. 胰岛素分泌
D. 糖原分解增加 E. 骨骼肌血管舒张

28. 自主神经系统活动的特点是（ ）
A. 内脏器官均接受交感和副交感神经双重支配
B. 对效应器的支配一般具有紧张性作用
C. 活动度高低与效应器功能状态无关
D. 交感神经系统的活动一般比较局限
E. 副交感神经系统的活动一般比较广泛

29. 脑内具有生命中枢之称的部位是（　　）

A. 脊髓　B. 延髓　C. 中脑　D. 下丘脑　E. 大脑皮质

30. 日周期生物节律的控制中心位于（　　）

A. 下丘脑前核　B. 视上核　C. 下丘脑外侧核

D. 视交叉上核　E. 弓状核

二、填空题

1. 一般来说，神经纤维的直径越大，传导速度________，且神经纤维传导速度随温度的________而减慢。

2. 神经纤维传导兴奋的特征主要有________、________、________和________。

3. 突触的基本结构是由________、________和________组成的。

4. 非特异性投射系统的功能是________，使机体保持________状态。

5. 肾上腺素能受体可分为两型，它们是________受体和________受体；胆碱能受体也可分为两型，它们是________受体和________受体。

6. 乙酰胆碱 M 型受体的阻断剂是________；N 型受体的阻断剂是________；肾上腺素 α 受体的阻断剂是________；β 受体的阻断剂是________。

三、名词解释

1. 突触　2. 神经递质　3. 兴奋性突触后电位　4. 抑制性突触后电位

5. 突触后抑制　6. 回返性抑制　7. 牵涉痛　8. 脊休克

9. 牵张反射　10. 去大脑僵直

四、问答题

1. 何谓神经递质？作为一个神经递质，应符合或基本符合哪些条件？

2. 周围神经系统中有哪些属于胆碱能纤维？哪些属于肾上腺素能纤维？

3. 试比较神经纤维传导兴奋和突触兴奋传递的特征。

4. 试比较特异投射系统和非特异投射系统的特征和功能。

5. 何谓牵涉痛？有何实例？其可能的产生机制是什么？

6. 何谓脊休克？其主要表现是什么？脊休克的产生和恢复说明了什么？

7. 试述牵张反射的类型及特征。

8. 试比较体表感觉区的投射规律和主要运动区的功能特征。

9. 当基底神经节受损时可出现哪些症状？试分析其产生机制。

10. 试述交感和副交感神经系统的功能及其特征。

11. 简述下丘脑的功能。

第十一章　内　分　泌

一、单项选择题

1. 下列哪种激素是神经激素（　　）

A. 抗利尿激素　B. 肾上腺素　C. 促甲状腺激素

D. 催乳素　E. 甲状腺激素

2. 下列哪一项不属于下丘脑调节肽（　　）

A. 促甲状腺激素释放激素　B. 抗利尿激素　C. 促性腺激素释放激素

D. 生长抑素　E. 促肾上腺皮质激素释放激素

3. 下列哪种状态下 GH 分泌明显增加（　　）

A. 觉醒　B. 轻微运动　C. 进餐

D. 慢波睡眠　　E. 异相睡眠

4. 影响骨骼、肌肉生长发育最主要的激素是（　　）

A. 糖皮质激素　　B. 生长激素　　C. 盐皮质激素

D. 肾上腺素　　E. 甲状腺激素

5. 下列各项中，对 GH 分泌刺激作用最强的是（　　）

A. 血中氨基酸增多　　B. 血中脂肪酸增多　　C. 睡眠

D. 运动　　E. 低血糖

6. GH 分泌过多的患者可出现（　　）

A. 尿氮增加　　B. 血糖过高并可产生糖尿

C. 血中脂肪酸含量减少　　D. 组织脂肪增加

E. 血中生长激素介质含量减少

7. 人幼年时期缺乏下列哪种激素可导致侏儒症（　　）

A. T_3　　B. 1，25-（OH）$_2$-VD_3　　C. GH

D. PRL　　E. 皮质醇

8. 下列哪种情况下垂体可大量分泌 PRL（　　）

A. 青春期　　B. 妊娠期　　C. 运动

D. 授乳时婴儿吸吮乳头　　E. 进食

9. 可促进女性青春期乳腺发育的主要激素是（　　）

A. 催乳素　　B. 生长激素　　C. 甲状腺激素

D. 雌激素　　E. 皮质醇

10. 催产素的主要合成部位是（　　）

A. 神经垂体　　B. 腺垂体　　C. 下丘脑视上核

D. 下丘脑室旁核　　E. 下丘脑视前区

11. 主要由下丘脑视上核合成的激素是（　　）

A. ADH　　B. OXT　　C. TRH　　D. GnRH　　E. CRH

12. 下列哪种激素的分泌不受腺垂体的控制（　　）

A. 糖皮质激素　　B. 甲状腺激素　　C. 甲状旁腺激素

D. 雌激素　　E. 雄激素

13. 下列哪种情况下 ADH 的分泌将会减少（　　）

A. 大出血　　B. 大量出汗　　C. 严重呕吐或腹泻

D. 大量饮清水　　E. 血糖浓度升高

14. 调节 ADH 释放最敏感的感受器是（　　）

A. 下丘脑渗透压感受器　　B. 心房和肺血管的容量感受器

C. 主动脉弓压力感受器　　D. 颈动脉窦压力感受器

E. 肾小球入球小动脉牵张感受器

15. 下列哪项不是甲状腺激素的作用（　　）

A. 分泌过多时，蛋白质合成增加　B. 提高神经系统的兴奋性

C. 促进骨骼和脑的生长发育　　D. 使心跳加快加强

E. 生理剂量可以促进蛋白质合成

16. T_3 比 T_4 的生物活性大约强（　　）

A. 2 倍　　B. 3 倍　　C. 5 倍　　D. 7 倍　　E. 9 倍

17. 正常情况下，储存于腺泡腔内的甲状腺激素可供机体利用（　　）

A. 5～10 天 B. 10～20 天 C. 20～30 天 D. 50～120 天 E. 150～200 天

18. 在胚胎期对脑发育最为重要的激素是（ ）

A. 生长激素 B. 胰岛素 C. 甲状腺激素

D. 糖皮质激素 E. 绒毛膜生长素

19. 对 TSH 的分泌具有促进作用的下丘脑调节肽是（ ）

A. TRH B. CRH C. GnRH D. GHRH E. PRF

20. 在胚胎期缺碘或甲状腺功能低下的儿童可出现（ ）

A. 阿狄森病 B. 侏儒症 C. 肢端肥大症 D. 呆小症 E. 佝偻病

21. 成年人甲状腺激素分泌不足可出现下列哪种疾病或症状（ ）

A. 呆小症 B. 侏儒症 C. 黏液性水肿 D. 克汀病 E. 水中毒

22. 能升高血钙水平的激素是（ ）

A. CT B. PTH C. TSH D. ACTH E. CRH

23. 影响 PTH 分泌最重要的因素是（ ）

A. 血磷浓度 B. 血钙浓度 C. 血镁浓度

D. 血中儿茶酚胺浓度 E. 血中前列腺素浓度

24. 25-OH-VD_3 转变为 1，25-（OH）$_2$-VD_3 是在下列哪个器官进行的（ ）

A. 肝 B. 肾 C. 肠 D. 骨 E. 皮肤

25. 下列哪种激素可促进的 1，25-（OH）$_2VD_3$ 形成（ ）

A. PTH B. T_3 C. T_4 D. CT E. TSH

26. 由肾上腺皮质束状带细胞分泌的激素主要是（ ）

A. 醛固酮 B. 脱氢表雄酮 C. 雌二醇

D. 皮质醇 E. 脱氧皮质酮

27. 由肾上腺皮质球状带细胞分泌的激素主要是（ ）

A. 皮质酮 B. 醛固酮 C. 脱氢表雄酮

D. 雌二醇 E. 皮质醇

28. 保钠排钾作用最强的肾上腺皮质激素是（ ）

A. 皮质醇 B. 醛固酮 C. 皮质酮

D. 脱氧皮质酮 E. 可的松

29. 下列哪种物质能直接刺激肾上腺皮质球状带细胞分泌醛固酮（ ）

A. 血管紧张素 Ⅰ B. 血管紧张素原 C. 血管紧张素 Ⅱ

D. 促肾上腺皮质激素 E. 肾素

30. 切除双侧肾上腺后动物死亡的主要原因是缺乏（ ）

A. 肾上腺素 B. 肾素 C. 去甲肾上腺素

D. 肾上腺皮质激素 E. 血管紧张素

31. 能降低血糖浓度的激素是（ ）

A. 皮质醇 B. 肾上腺素 C. 胰岛素

D. 生长激素 E. 甲状腺激素

32. 调节胰岛素分泌最重要的因素是（ ）

A. 血中氨基酸浓度 B. 血糖浓度 C. 血中脂肪酸浓度

D. 乙酸胆碱 E. 胰高血糖素

二、填空题

1. 激素按化学性质分为________和________。

2. 甲状腺激素对生长的作用，主要影响________和________的生长和发育。
3. 幼年时缺乏甲状腺激素将导致________，而成年缺乏将导致________。
4. 调节机体钙、磷代谢的激素主要有________和________。
5. 胰岛素由胰岛________细胞分泌，其主要生理功能是________血糖。
6. 胰岛素缺乏使组织对糖的利用________，血糖________。
7. 肾上腺皮质分泌三大激素，即________、________和________。
8. 糖皮质激素使血糖________。
9. 在应激状态下，血中 ACTH 浓度________，糖皮质激素浓度________。
10. 神经垂体释放的激素是________和________。
11. 幼年期缺乏生长激素会导致________，分泌过多会导致________，成年期分泌过多会导致________。

三、名词解释

1. 激素　2. 神经激素　3. 允许作用　4. 第二信使
5. 垂体门脉系统　6. 应激反应　7. 应急反应　8. 生长素介质

四、问答题

1. 试述下丘脑与垂体在功能上的关系。
2. 试述生长激素促进生长作用与生长激素介质的关系。
3. 从生理学角度分析侏儒症与呆小症的主要区别。
4. 长期大量使用糖皮质激素类药物的病人为什么不能突然停药？
5. 试述甲状旁腺激素、降钙素和 1，25-（OH）2-VD_3 在血钙稳态调节中的作用。
6. 简述胰岛素对糖、蛋白质和脂肪代谢的调节作用及胰岛素分泌不足时可能出现的异常。
7. 调节血糖水平的激素有哪几种？分别对血糖水平有何影响？

第十二章　生　殖

一、单项选择题

1. 睾酮的化学性质是（　　）
A. 固醇类　B. 类固醇　C. 胺类　D. 肽类　E. 蛋白质
2. 睾酮由睾丸的下列哪种细胞分泌（　　）
A. 间质细胞　B. 支持细胞　C. 精原细胞　D. 精母细胞　E. 精子
3. 下列关于雌激素生理作用的描述，错误的是（　　）
A. 使输卵管平滑肌活动增强　B. 促进阴道上皮细胞增生、角化
C. 抑制子宫内膜增生、腺体分泌　D. 刺激乳腺导管和结缔组织增生
E. 促进肾小管对钠和水的重吸收
4. 排卵前，血中 LH 出现高峰的原因是（　　）
A. 血中孕激素对腺垂体的正反馈作用　B. 血中雌激素对腺垂体的正反馈作用
C. 血中雌激素和孕激素共同的作用　D. FSH 的促进作用
E. 少量 LH 本身的短反馈作用
5. 下列哪种激素能在排卵前一天左右诱发排卵所必需的 LH 峰（　　）
A. 雌二醇　B. 孕酮　C. 促卵泡激素　D. 抑制素　E. 雌三醇
6. 下列有关孕激素作用的叙述，正确的是（　　）
A. 促进子宫内膜发生增生期变化　B. 促进子宫内膜发生分泌期变化

C. 子宫发育　　D. 促进并维持女性特征
E. 促进子宫收缩
7. 育龄期女子基础体温的双相变化与下列哪种激素有关（　　）
A. 雌激素　　B. 孕激素　　C. 甲状腺激素
D. LH　　E. FSH
8. 月经周期正常的妇女，其月经黄体能维持（　　）
A. 3～5 天　　B. 5～7 天　　C. 7～9 天
D. 9～11 天　　E. 12～15 天
9. 雌激素和孕激素作用的相同点是（　　）
A. 促进阴道上皮细胞角化　　B. 促进乳腺导管增生和延长
C. 使子宫输卵管平滑肌活动减弱　　D. 使子宫内膜增生变厚
E. 减少宫颈黏液的分泌
10. 月经周期中诱发排卵最重要的激素是（　　）
A. FSH　　B. GH　　C. PRL　　D. LH　　E. GnRH
11. 血中哪种激素出现高峰可作为排卵的标志（　　）
A. 催乳素　　B. 孕激素　　C. LH　　D. FSH　　E. 催乳素释放因子
12. 女性月经周期中，月经来潮是由于血中的（　　）
A. E_2浓度下降，P 浓度升高　　B. E_2浓度升高，P 浓度下降
C. E_2和 P 浓度均下降　　D. FSH 和 LH 浓度均下降
E. LH 浓度显著升高而形成 LH 峰
13. 结扎输卵管后的妇女（　　）
A. 无排卵，有月经　　B. 无排卵，无月经
C. 有排卵，有月经　　D. 有排卵，无月经
E. 附性器官萎缩，副性征消退
14. 下列关于月经的叙述错误的是（　　）
A. 出血期中，GnRH 分泌处于较低水平
B. 黄体退化，雌激素和孕激素分泌骤减
C. 前列腺素 $F_{2\alpha}$释放，子宫内膜血管痉挛
D. 溶酶体释出蛋白水解酶，使组织溶解，内膜剥脱、出血
E. 出血期中由于雌激素和孕激素的正反馈，FSH 和 LH 分泌增加
15. 正常情况下精子与卵子在何处相遇而发生受精（　　）
A. 输卵管壶腹部　　B. 输卵管伞部　　C. 输卵管漏斗部
D. 子宫腔　　E. 子宫颈
16. 妇女妊娠过程中妊娠黄体能维持（　　）
A. 6 周左右　　B. 8 周左右　　C. 10 周左右　　D. 12 周左右　　E. 14 周左右
17. hCG 的化学性质是（　　）
A. 蛋白质　　B. 糖蛋白　　C. 肽类
D. 胺类　　E. 类固醇
18. 测定血或尿中哪种激素可诊断早期妊娠（　　）
A. 孕激素　　B. 雌激素　　C. FSH　　D. hCG　　E. ACTH
19. 在妊娠过程中胎盘分泌的 hCG 何时达高峰（　　）
A. 卵子受精的第 5～6 天　　B. 妊娠 2～3 周

C. 妊娠 4～5 周　　　　　D. 妊娠 6～7 周

E. 妊娠 8～10 周

二、填空题

1. 男性主性器官为________，具有________和分泌________的功能。

2. 女性主性器官为________，具有________和分泌________、________的功能。

3. 月经周期中，子宫内膜经历了________期、________期与________期三个时期的变化。这些变化主要是因为卵巢________激素与________激素的影响。

4. 卵巢在卵泡期主要分泌________，而黄体期还分泌________。

5. 月经周期中，由于血中________和________浓度下降，导致子宫内膜剥落、出血，形成月经。

三、名词解释

1. 雌激素　2. 孕激素　3. 月经周期　4. 黄体

四、问答题

1. 试述月经周期中血浆 GnRH、FSH、LH、雌二醇与孕酮含量的动态变化及其相互关系。

2. 试述月经周期中子宫内膜的周期性变化及其与激素的关系。

病理生理学练习题

第一章　疾 病 概 论

一、单项选择题

1. 病理生理学是研究（　　）

A. 正常人体生命活动规律的科学　B. 正常人体形态结构的科学
C. 疾病发生发展规律和机制的科学　D. 疾病的临床表现与治疗的科学
E. 患病机体形态结构改变的科学

2. 疾病概论主要论述（　　）

A. 疾病的概念、疾病发生发展的一般规律　B. 疾病的原因与条件
C. 疾病中具有普遍意义的机制　D. 疾病中各种临床表现的发生机制
E. 患病的经过与结局

3. 关于疾病下列提法正确的是（　　）

A. 疾病是不健康的生命活动过程　B. 疾病的发生都是由致病条件所致
C. 患病者都会表现出身体不舒服　D. 患病者都会表现出工作能力的下降
E. 患病时会引起机体自稳调节紊乱

4. 从功能和代谢角度揭示疾病本质的学科是（　　）

A. 病理解剖学　B. 临床病理学　C. 病理生理学
D. 医学遗传学　E. 临床免疫学

5. 脑死亡是指（　　）

A. 呼吸、心跳停止，反射消失　B. 有机体解体，所有细胞死亡
C. 意识永久性消失而呈植物状　D. 全脑功能不可逆性永久性停止
E. 脑电波消失

6. 死亡的概念是指（　　）

A. 心跳停止　B. 呼吸停止　C. 各种反射消失
D. 机体作为一个整体的功能永久性停止　E. 体内所有细胞解体死亡

7. 有关健康的正确提法是（　　）

A. 不生病就是健康　B. 健康是指精神上完全良好状态
C. 健康是指体格健全　D. 健康是指对外环境适应能力的良好状态
E. 健康是指没有疾病或病痛，躯体上、精神上和社会上的完全良好状态

8. 临床死亡的最主要标志是（　　）

A. 心跳停止　B. 呼吸停止
C. 出现尸冷、尸僵、尸斑　D. 心跳停止、呼吸停止、反射消失
E. 代谢障碍、乳酸堆积

9. 全脑机能的永久性停止称为（　　）

A. 植物人状态　B. 濒死状态　C. 脑死亡
D. 生物学死亡　E. 临床死亡

10. 疾病的发展方向取决于（　　）

A. 病因的数量与强度　　B. 是否存在诱因　　C. 机体的抵抗力

D. 损伤与抗损伤的力量对比　　E. 机体自稳调节的能力

11. 疾病发生必不可少的因素是（　　）

A. 疾病的条件　　B. 疾病的危险因素　　C. 疾病的原因

D. 疾病的诱因　　E. 疾病的外因

二、填空题

1. 疾病是指因机体________紊乱而发生的异常生命活动过程。

2. 疾病发生发展的一般规律主要有________、________和________。

3. 疾病发生的基本机制是________、________、________、________。

4. 整体死亡的标志是________，它是指________的永久性停止。

5. 疾病的转归有以下几种，即________、________、________。

6. 病因学是研究疾病发生的________与________的科学。

三、名词解释

1. 疾病　　2. 脑死亡　　3. 健康

四、问答及病例分析

1. 说出疾病、健康、亚健康的概念。

2. 什么是脑死亡？判断脑死亡有哪些标准？

3. 患者，男，33 岁。工作勤奋，经常加班，甚至到深夜，久而久之，他逐渐感觉周身疲乏无力，肌肉关节酸痛，食欲缺乏，到医院做了全面检查之后，未发现阳性体征和检验结果。

请问他的身体状况处于何种状态？是否需要治疗？

第二章　水、电解质代谢紊乱

一、单项选择题

1. 内环境是指（　　）

A. 细胞外液　　B. 细胞内液　　C. 细胞液　　D. 体液　　E. 血浆

2. 血浆中最多的阳离子是（　　）

A. Na^+　　B. K^+　　C. Ca^{2+}　　D. Mg^{2+}　　E. Fe^{2+}

3. 正常成人的体液总量约占体重的（　　）

A. 40%　　B. 50%　　C. 60%　　D. 70%　　E. 80%

4. 细胞内液中最主要的阳离子是（　　）

A. Na^+　　B. K^+　　C. Ca^{2+}　　D. Mg^{2+}　　E. Fe^{2+}

5. 细胞内外渗透压平衡主要靠哪一种物质的移动来维持（　　）

A. Na^+　　B. K^+　　C. 葡萄糖　　D. 蛋白质　　E. 水

6. 高钠血症是指血清钠浓度高于（　　）

A. 130mmol/L　　B. 135mmol/L　　C. 140mmol/L

D. 150mmol/L　　E.160mmol/L

7. 正常在体内调节钠水动态平衡中起最重要作用的脏器或组织是（　　）

A. 皮肤　　B. 肺　　C. 肝　　D. 肾　　E. 消化道

8. 体液渗透压大小主要取决于（　　）

A. 含有蛋白质浓度的多少　　B. 含有电解质和非电解质分子数的多少

C. 含有电解质的分子电荷数的多少　D. 机体摄入食盐量的多少
E. 以上都不对

9. 影响血浆胶体渗透压最重要的蛋白是（　　）
A. 白蛋白　B. 球蛋白　C. 纤维蛋白原
D. 凝血酶原　E. 珠蛋白

10. 高渗性脱水时，体液最明显减少的部位是（　　）
A. 细胞内液　B. 细胞间液　C. 血浆
D. 以上都不对　E. 各部体液都明显减少

11. 高热患者易发生（　　）
A. 高渗性脱水　B. 低渗性脱水　C. 等渗性脱水
D. 水中毒　E. 细胞外液显著丢失

12. 低渗性脱水病人早期无渴感的机制在于（　　）
A. 下丘脑渗透压感受器被抑制　B. 发病初期 ADH 分泌减少
C. ECF 渗透压降低使渴感中枢兴奋　D. 血容量减少造成心房内压力感受器抑制
E. 水分从 ECF 向 ICF 转移引起脑细胞水肿

13. 下列哪一类水电解质失衡最容易发生休克（　　）
A. 低渗性脱水　B. 高渗性脱水　C. 等渗性脱水
D. 水中毒　E. 低钾血症

14. 低渗性脱水时体液丢失的特点是（　　）
A. 细胞内液和外液均明显丢失　B. 细胞内液无丢失，仅丢失细胞外液
C. 细胞内液丢失，细胞外液无丢失　D. 血浆丢失，但组织间液无丢失
E. 血浆和细胞内液明显丢失

15. 醛固酮主要作用于（　　）
A. 近曲小管上皮细胞　B. 髓袢降支上皮细胞
C. 髓袢升支上皮细胞　D. 远曲小管、集合管上皮细胞
E. 远曲小管上皮细胞

16. 抗利尿激素对水重吸收增强的作用部位是（　　）
A. 近曲小管上皮细胞　B. 髓袢降支上皮细胞
C. 髓袢升支上皮细胞　D. 远曲小管、集合管上皮细胞
E. 远曲小管上皮细胞

17. 低渗性脱水的婴儿皮肤弹性降低、眼窝凹陷、囟门下陷主要是由于（　　）
A. 血容量减少　B. 细胞内液量减少　C. 细胞外液量减少
D. 组织间液量减少　E. 淋巴液减少

18. 水中毒的特征是（　　）
A. 组织间液增多
B. 血容量急剧增加
C. 细胞外液增多
D. 过多的低渗性液体潴留，造成细胞内液和细胞外液均增多
E. 过多的液体积聚于体腔

19. 盛暑行军时大量出汗可发生（　　）
A. 等渗性脱水　B. 低渗性脱水　C. 高渗性脱水
D. 水中毒　E. 水肿

20. 高渗性脱水患者的处理原则是补充（　　）

A. 5%葡萄糖溶液　　B. 0.9%NaCl 溶液

C. 先 3%NaCl 溶液，后 5%葡萄糖溶液　　D. 先 5%葡萄糖溶液，后 0.9%NaCl 溶液

E. 先 50%葡萄糖溶液后 0.9%NaCl 溶液

21. 患者口渴，尿少，细胞外液量减少，细胞内液量明显减少，血钠浓度＞150mmol/L，其水电解质紊乱的类型是（　　）

A. 等渗性脱水　　B. 水中毒　　C. 高渗性脱水

D. 低渗性脱水　　E. 水肿

22. 产生脱水热的主要原因是（　　）

A. 散热减少　　B. 产热增加　　C. 体温调节中枢功能障碍

D. 产热增加和散热减少　　E. 体温调节中枢调定点上移

23. 有关等渗性脱水的描述，下面不准确的是（　　）

A. H_2O 与 Na^+成比例丢失　　B. 血清 Na^+ 130～150mmol/L

C. 血浆渗透压 280～310mmol/L　　D. 细胞外液量减少，细胞内液量无明显减少

E. 等渗液大量丢失只引发等渗性脱水

24. 等渗性脱水如未得到任何处理，易转变为（　　）

A. 低渗性脱水　　B. 高渗性脱水　　C. 水中毒

D. 低钾血症　　E. 水肿

25. 细胞内、外液均增多并有低钠血症，说明有（　　）

A. 水肿　　B. 低渗性脱水　　C. 高容量性脱水

D. 水中毒　　E. 等渗性脱水

26. 小儿失钾最主要的途径是（　　）

A. 严重腹泻呕吐　　B. 利尿药用量过多　　C. 肾上腺皮质激素过多

D. 某些肾脏疾病　　E. 经皮肤失钾

27. 成人失钾最主要的途径是（　　）

A. 经胃失钾　　B. 经小肠失钾　　C. 经肾失钾

D. 经结肠失钾　　E. 经皮肤失钾

28. 输入大量库存过久的血液易导致（　　）

A. 高钠血症　　B. 低钠血症　　C. 低钾血症

D. 高钾血症　　E. 低镁血症

29. 高钾血症是指血清钾浓度高于（　　）

A. 3.0mmol/L　　B. 3.5mmol/L　　C. 5.5mmol/L

D. 5.0mmol/L　　E. 6.0mmol/L

30. 引起低钾血症最主要的原因是（　　）

A. 钾丢失过多　　B. 碱中毒

C. 长期使用β-肾上腺素能受体激动剂　　D. 钾摄入不足

E. 低钾性周期性麻痹

31. 某患者术后禁食 7 天，仅从静脉输入大量的 5%葡萄糖，此患者最易发生（　　）

A. 高钾血症　　B. 低钾血症　　C. 高钠血症

D. 低钠血症　　E. 低钙血症

32. 下述哪项不是低钾血症对骨骼肌的影响（　　）

A. 肌无力　　B. 肌麻痹　　C. 超极化阻滞

D. 静息电位负值减小　　E. 兴奋性降低

33. 严重缺钾可导致（　　）

A. 代谢性酸中毒　　B. 代谢性碱中毒　　C. 呼吸性酸中毒

D. 呼吸性碱中毒　　E. 混合性酸中毒

34. 重度低钾血症或缺钾的病人常有（　　）

A. 神经-肌肉的兴奋升高　　B. 心律不齐　　C. 胃肠道运动功能亢进

D. 代谢性酸中毒　　E. 少尿

35. 影响体内外钾平衡调节的主要激素是（　　）

A. 胰岛素　　B. 胰高血糖素　　C. 肾上腺糖皮质激素

D. 醛固酮　　E. 甲状腺素

36. 高钾血症对机体的主要危害在于（　　）

A. 引起肌肉瘫痪　　B. 引起严重的肾功能损害　　C. 引起血压降低

D. 引起严重的心律不齐　　E. 引起酸碱平衡紊乱

37. 机体排钾最主要的器官是（　　）

A. 皮肤　　B. 肾　　C. 胃肠道　　D. 胰腺　　E. 肺

38. 低钾血症对神经-肌肉兴奋性最严重的影响是（　　）

A. 肌张力降低　　B. 肠鸣音减少　　C. 腱反射减弱

D. 肠蠕动消失　　E. 呼吸肌麻痹

39. 碱中毒患者尿液呈酸性，提示存在（　　）

A. 低钙血症　　B. 低钾血症　　C. 高钙血症

D. 低镁血症　　E. 高钾血症

40. 导致高钾血症的最主要原因是（　　）

A. 输入大量库存血　　B. 严重组织损伤　　C. 肾排钾减少

D. 组织缺氧　　E. 酸中毒

41. 高钾血症时随着血清钾浓度的增高神经肌肉的兴奋性变化为（　　）

A. 先增高后降低　　B. 先降低后增高　　C. 增高

D. 降低　　E. 保持不变

42. 高钾血症对心脏的最主要危害是引发（　　）

A. 窦性心动过速　　B. 心脏停搏　　C. 期前收缩

D. 房室传导阻滞　　E. 心室颤动

43. 高钾血症的心电图特征为（　　）

A. T 波低平增宽，U 波明显　　B. P-R 间期和 Q-T 间期延长

C. T 波高耸，Q-T 间期缩短　　D. P 波狭窄高尖，R 波低平

E. S-T 段压低，QRS 复合波变窄

44. 拮抗高血钾对心肌的毒性作用应采取（　　）

A. 腹膜透析　　B. 静脉滴注葡萄糖和胰岛素　　C. 口服阳离子交换树脂

D. 静脉输入钙剂和钠盐　　E. 血液透析

二、填空题

1. 体液主要由________、________和________组成。其中分布于细胞内的体液称________，分布于细胞外的体液称________，后者又可分为________和________两部分。

2. 正常成年男性的体液总量约占体重的________，正常成人血浆约占体重的________。

3. 高渗性脱水的特征是失钠________失水，血清钠浓度________mmol/L，血浆渗透压

________mmol/（kg·H_2O），高渗性脱水主要是细胞内液________。

4. 低渗性脱水体液变化的特征是失水________失钠，细胞________丢失多于细胞________。

5. 低渗性脱水时体液丢失以________为主，临床上易发生________。

6. 低渗性脱水时脱水的主要部位是________，对病人的主要威胁是________。

7. 脱水按血清钠的浓度分成________、________和________。

8. 醛固酮主要作用于________，其作用是________。

9、抗利尿激素（ADH）是由________产生的，其主要作用于________，其生理功能是________。

10. 低钾血症心肌电生理变化特点：自律性________、兴奋性________、传导性________、心肌收缩性________。

11. 急性低钾血症时，导致骨骼肌静息膜电位负值变________，使细胞处于________化状态，除极化障碍，引起肌肉无力，甚至发生________。

12. 严重高钾血症时心肌细胞的兴奋性________，传导性________，收缩性________，自律性________。

13、高渗性脱水以________减少为主，低渗性脱水以________减少为主，________更容易发生循环障碍。

三、名词解释

1. 脱水　2. 低渗性脱水　3. 高渗性脱水　4. 等渗性脱水

5. 低钾血症　6. 高钾血症　7. 水中毒　8. 反常性酸性尿

四、问答及病例分析

1. 哪种类型的低钠血症易造成失液性休克，为什么？

2. 临床上引起低钾血症的常见原因有哪些？

3. 简述高钾血症对心肌电生理特性的影响及其机制。

4. 列表比较低容量性低钠血症、低容量性高钠血症和细胞外液容量不足等三种水、钠代谢紊乱（比较项目为原因、体液丢失特点、主要失水部位、临床表现及防治的病理生理基础等）。

5. 为什么低钾血症会引起碱中毒?为什么高钾血症会导致酸中毒？

6. 患儿，女，3岁。剧烈腹泻1天，排水样便20余次。在当地乡卫生院静脉输入5%葡萄糖溶液及抗生素后，病情无缓解而转市医院诊治。

查体：T 37.2℃，P 110次/分，BP 55/40mmHg，精神委靡，面色苍白，脉搏细速，四肢湿冷，尿量少，腹胀，肠鸣音减弱，双肺未见异常，皮肤弹性差，眼窝下陷，呈明显脱水征。

实验室检查血清 Na^+ 125mmol/L，血清 K^+ 3.0mmol/L。

该患儿出现了哪种水、电解质代谢紊乱及其并发症？其诊断依据有哪些？

7. 某急性肾衰竭少尿期病人应用青霉素钾盐后，出现四肢无力，腱反射减弱，心率减慢，心电图示T波高耸，Q-T间期缩短，S-T段上移，心律不齐。实验室检查血清 K^+ 7.5mmol/L，血清 Na^+ 145 mmol/L。

试述该患者患有何种水、电解质代谢紊乱？有何诊断依据？其发生机制是什么？

8. 患儿，男，2岁。腹泻2天，每天6～7次，水样便；呕吐3次，呕吐物为所食牛奶，不能进食。伴有口渴、尿少、腹涨。

查体：精神委靡，T 37℃，BP 11.5/6.67kPa（86/50mmHg），皮肤弹性减退，两眼凹陷，前囟下陷，心跳快而弱，肺无异常所见，腹胀，肠鸣音减弱，腹壁反射消失，膝反射迟钝，四肢发凉。

实验室检查：血清 K^+3.3mmol/L，Na^+140mmol/L。

该患儿发生何种水、电解质紊乱?依据是什么?

9. 患儿，男，15 个月。因腹泻、呕吐 4 天入院。发病以来，每天腹泻 6～8 次，水样便，呕吐 4 次，不能进食，每日补 5%葡萄糖溶液 1000ml，尿量减少，腹胀。

体检：精神委靡，体温 37.5℃（肛）（正常 36.5～37.7℃），脉搏速弱，150 次/分，呼吸浅快，55 次/分，血压 86/50mmHg（11.5/6.67kPa），皮肤弹性减退，两眼凹陷，前囟下陷，腹胀，肠鸣音减弱，腹壁反射消失，膝反射迟钝，四肢凉。实验室检查：血清 Na^+ 125mmol/L，血清 K^+ 3.2mmol/L。

该患儿发生了何种水、电解质代谢紊乱？依据是什么？

10. 患者，女，37 岁。患糖尿病半年，近 3 天食欲减退，呕吐频繁，精神委靡不振，乏力。今日出现神志不清急诊入院。查体：浅昏迷、呼吸深大，BP 10.7/8.53kPa（80/64mmHg），腱反射减弱。

实验室检查：尿常规示蛋白（+），糖（+++），酮体（+）。

入院后注射胰岛素 72U，并输入 0.9%氯化钠溶液及乳酸钠，患者神志逐渐清醒，但有烦躁不安，并出现心律不齐。查心电图出现 T 波低平，频繁室性早搏，查血清钾 2.0mmol/L，血清钠 141mmol/L。患者主要发生了哪种水电解代谢紊乱？发生原因是什么？

第三章　水　　肿

一、单项选择题

1. 影响血浆胶体渗透压最重要的蛋白质是（　　）

A. 白蛋白　　B. 球蛋白　　C. 珠蛋白　　D. 凝血酶　　E. 纤维蛋白原

2. 微血管壁受损引起水肿的主要机制是（　　）

A. 毛细血管流体静压升高　　B. 淋巴回流不足以清除过多的组织液

C. 静脉端的液体静压下降　　D. 组织间液的胶体渗透压增高

E. 血管口径增大

3. 水肿时水钠潴留的基本机制是（　　）

A. 毛细血管有效流体静压增高　　B. 有效胶体静压下降

C. 淋巴回流障碍　　D. 毛细血管通透性增高

E. 肾小球-肾小管失衡

4. 正常人体内调节钠水平衡的最重要的脏器是（　　）

A. 皮肤　　B. 肺　　C. 肝　　D. 肾　　E. 胃肠道

5. 水肿一般是指（　　）

A. 体重增加　　B. 细胞外液增多，钠浓度降低

C. 细胞内液增多，钾浓度降低　　D. 细胞间液增多，钠浓度无明显变化

E. 以上都不对

6. 下述情况哪项可以引起毛细血管内外体液交换失衡和组织水肿（　　）

A. 毛细血管内血流减少和血黏度增高

B. 毛细血管内流动血液的白蛋白含量明显减少

C. 淋巴液回流进入静脉速度过快

D. 微小动脉和静脉收缩，但以前者较明显

E. 以上都不对

7. 炎性水肿液可具有下述哪项特点（　　）
A. 清亮透明　B. 可检出细胞，达 100 个/mm^3 左右
C. 比重＞1.018　D. 在体外置试管中，不会出现凝固现象
E. 以上都不对
8. 所谓隐性水肿是指（　　）
A. 存在发生水肿可能性的一种病理状态
B. 局部水肿的一种类型
C. 可与凹陷性水肿同时存在的一种伴随现象
D. 全身性水肿早期，无明显皮肤性状改变时，对水肿的一种命名方式
E. 以上都不对
9. 水肿液在组织间隙以游离状态存在，说明存在（　　）
A. 隐性水肿　B. 凹陷性水肿　C. 黏液性水肿
D. 特发性水肿　E. 淋巴性水肿
10. 下列哪项不引起血浆胶体渗透压降低（　　）
A. 肝硬化　B. 严重营养不良　C. 肾病综合征
D. 恶性肿瘤　E. 低渗性脱水
11. 水肿首先出现于身体低垂部位，可能发生了（　　）
A. 肾炎性水肿　B. 肝性水肿　C. 肾病性水肿
D. 心性水肿　E. 肺水肿
12. 下述哪项不会导致肾小球滤过率（GFR）下降（　　）
A. 肾小球滤过压下降　B. 肾血流量减少　C. 肾小球滤过膜面积减少
D. 肾小球囊内压下降　E. 肾小球滤过膜通透性降低
13. 低蛋白血症引起水肿的机制是（　　）
A. 毛细血管内压升高　B. 血浆胶体渗透压下降
C. 组织间液的胶体渗透压升高　D. 组织间液的流体静压下降
E. 毛细血管壁通透性升高
14. 判断隐性水肿较为敏感有效的办法是（　　）
A. 检查皮肤弹性　B. 观察皮肤色泽　C. 检测每日尿量
D. 按压体表部位　E. 定期测量体重
15. 按水肿发生的器官组织分类，应排除（　　）
A. 皮下水肿　B. 视乳头水肿　C. 炎性水肿
D. 肺水肿　E. 脑水肿

二、填空题

1. 水肿发生的两个机制是________和________。
2. 左心衰竭主要引起________水肿，右心衰竭引起________水肿。

三、名词解释

1. 水肿　2. 积水　3. 隐性水肿

四、问答题

1. 引起血浆白蛋白降低的主要原因有哪些?
2. 试述水肿时血管内外液体交换失衡的机制。
3. 水肿对机体有哪些影响?

第四章　酸碱平衡紊乱

一、单项选择题

1. 机体的正常代谢必须处于（　　）

A. 弱酸性的体液环境中　　B. 弱碱性的体液环境中

C. 较强的酸性体液环境中　　D. 较强的碱性体液环境中

E. 中性的体液环境中

2. 正常体液中的 H^+ 主要来自（　　）

A. 食物中摄入的 H^+　　B. 碳酸释出的 H^+　　C. 硫酸释出的 H^+

D. 脂肪代谢产生的 H^+　　E. 糖酵解过程中生成的 H^+

3. 碱性物的来源有（　　）

A. 氨基酸脱氨基产生的氨　　B. 肾小管细胞分泌的氨

C. 蔬菜中含有的有机酸盐　　D. 水果中含有的有机酸盐

E. 以上都是

4. 机体在代谢过程中产生最多的酸性物质是（　　）

A. 碳酸　　B. 硫酸　　C. 乳酸　　D. 三羧酸　　E. 乙酰乙酸

5. 反映血浆中实际 HCO_3^- 量的指标为（　　）

A. AB　　B. BB　　C. BE　　D. SB　　E. $PaCO_2$

6. 代偿性酸中毒或代偿性碱中毒时血液 $[HCO_3^-]/[H_2CO_3]$ 的值是（　　）

A. 30/1　　B. 20/1　　C. 25/1　　D. 15/1　　E. 10/1

7. 血液 pH 主要取决于血浆中（　　）

A. $[Pr^-]/[HPr^-]$　　B. $[HCO_3^-]/[H_2CO_3]$　　C. $[Hb^-]/[HHb]$

D. $[HbO_2^-]/[HHbCO_2]$　　E. $[HPO_4^{2-}]/[H_2PO_4^-]$

8. 能直接反映血液中一切具有缓冲作用的负离子碱总和的指标是（　　）

A. $PaCO_2$　　B. 实际碳酸氢盐（AB）　　C. 标准碳酸氢盐（SB）

D. 缓冲碱（BB）　　E. 碱剩余（BE）

9. 标准碳酸氢盐小于实际碳酸氢盐（SB＜AB），可能有（　　）

A. 代谢性酸中毒　　B. 呼吸性酸中毒　　C. 呼吸性碱中毒

D. 混合性碱中毒　　E. 高阴离子间隙代谢性酸中毒

10. 急性代谢性酸中毒机体最主要的代偿方式是（　　）

A. 细胞外液缓冲　　B. 细胞内液缓冲　　C. 呼吸代偿

D. 肾脏代偿　　E. 骨骼代偿

11. 某肾衰竭患者血气分析：pH 7.28，$PaCO_2$ 3.7kPa（28mmHg），HCO_3^- 17mmol/L，最可能的酸碱平衡紊乱类型是（　　）

A. 代谢性酸中毒　　B. 呼吸性酸中毒　　C. 代谢性碱中毒

D. 呼吸性碱中毒　　E. 以上都不是

12. 反映呼吸性酸碱平衡紊乱的重要指标是（　　）

A. 血浆 pH　　B. BB　　C. BE

D. SB 与 AB　　E. $PaCO_2$

13. 治疗代谢性酸中毒的首选药物是（　　）

A. 乳酸钠　　B. 三羟基氨基甲烷　　C. 柠檬酸钠

D. 磷酸氢二钠　　E. 碳酸氢钠

14. 下列哪一项不是呼吸性酸中毒的原因（　　）
A. 呼吸中枢抑制　B. 肺泡弥散障碍　C. 通风不良
D. 呼吸道阻塞　E. 胸廓病变
15. 下列哪一项不是引起酸中毒时心肌收缩力降低的机制（　　）
A. 代谢酶活性抑制
B. 低钙
C. H^+竞争性地抑制钙与肌钙蛋白亚单位结合
D. H^+影响钙内流
E. H^+影响心肌细胞肌浆网释放钙
16. 急性呼吸性酸中毒的代偿调节主要靠（　　）
A. 血浆蛋白缓冲系统　B. 碳酸氢盐缓冲系统　C. 非碳酸氢盐缓冲系统
D. 磷酸盐缓冲系统　E. 其他缓冲系统
17. 慢性呼吸性酸中毒的代偿调节主要靠（　　）
A. 呼吸代偿　B. 心脏代偿　C. 血液系统代偿
D. 肾脏代偿　E. 骨骼代偿
18. 某溺水窒息患者，经抢救后血气分析结果为 pH 7.18，$PaCO_2$ 9.9kPa（75mmHg），HCO_3^- 28mmol/L，最可能的酸碱平衡紊乱类型是（　　）
A. 代谢性酸中毒　B. 急性呼吸性酸中毒　C. 慢性呼吸性酸中毒
D. 代谢性酸中毒合并代谢性碱中毒　E. 代谢性碱中毒
19. 某肺心病患者，因感冒肺部感染而住院，血气分析结果：pH 7.32，$PaCO_2$ 9.4kPa（71mmHg），HCO_3^- 37mmol/L，最可能的酸碱平衡紊乱类型是（　　）
A. 代谢性酸中毒　B. 急性呼吸性酸中毒　C. 慢性呼吸性酸中毒
D. 混合性酸中毒　E. 代谢性碱中毒
20. 某幽门梗阻患者发生反复呕吐，血气分析结果：pH 7.5，$PaCO_2$ 6.6kPa（50mmHg），HCO_3^- 36mmol/L，最可能的酸碱平衡紊乱类型是（　　）
A. 代谢性酸中毒　B. 代谢性碱中毒　C. 呼吸性酸中毒
D. 呼吸性碱中毒　E. 混合性碱中毒
21. 某肝性脑病患者，血气分析结果：pH 7.48，$PaCO_2$ 3.4kPa（22.6mmHg），HCO_3^- 19mmol/L，最可能的酸碱平衡紊乱类型是（　　）
A. 代谢性酸中毒　B. 呼吸性酸中毒　C. 代谢性碱中毒
D. 呼吸性碱中毒　E. 混合性碱中毒
22. 碱中毒时出现手足搐搦的重要原因是（　　）
A. 血清 K^+降低　B. 血清 Cl^-降低　C. 血清 Ca^{2+}降低
D. 血清 Na^+降低　E. 血清 Mg^{2+}降低

二、填空题

1. 在疾病状态下，SB 与 AB 可以不相等，AB＞SB 见于________或代偿后的________；AB＜SB 见于________或代偿后的________。
2. 体内的酸性物质可分为________和________。
3. 机体酸碱平衡的维持是靠________、________和________的调节来完成的。
4. 代谢性酸中毒时，血浆$[HCO_3^-]$原发性________，$[H_2CO_3]$代偿性________。
5. 酸中毒时常伴有________血钾，酸中毒时常伴有________血钾。

三、名词解释

1. 挥发酸　2. 代谢性酸中毒　3. 呼吸性酸中毒　4. 代谢性碱中毒
5. 呼吸性碱中毒　6. 反常性酸性尿

四、问答及病例分析

1. 试述 pH=7.4 时有无酸碱平衡紊乱?有哪些类型?为什么?

2. 某一肺源性心脏病患者入院时呈昏睡状,血气分析及电解质测定结果:pH 7.26,$PaCO_2$ 8.6kPa（65.5mmHg），HCO_3^- 37.8 mmol/L，Cl^- 92mmol/L，Na^+ 142mmol/L。该患者有何酸碱平衡及电解质紊乱?根据是什么？分析病人昏睡的机制。

3. 某糖尿病患者，实验室检查结果：血 pH 7.30，$PaCO_2$ 4.13kPa（31mmHg），SB 16mmol/L，血 Na^+ 140mmol/L，血 Cl^- 104mmol/L。请分析其酸碱平衡紊乱的类型并说明诊断的依据。

4. 某慢性支气管炎、肺气肿患者，近日因受凉后肺部感染而入院。实验室检查结果：血 pH 7.33，$PaCO_2$ 9.46kPa（71mmHg），SB 36mmol/L。请分析其酸碱平衡紊乱的类型并说明诊断的依据。

5. 某慢性心力衰竭患者，因下肢水肿服用利尿剂治疗 2 周后，实验室检查结果：血 pH 7.52，$PaCO_2$ 7.73kPa（58mmHg），SB 46mmol/L。请分析其酸碱平衡紊乱的类型并说明诊断的依据。

6. 患者，女，50 岁。因右心衰竭伴全身水肿入院治疗 3 周。一直服用呋塞米利尿。近日实验室检查发现动脉血 pH 7.61，$PaCO_2$ 62mmHg，SB 50mmHg，BE +6mmol/L，其酸碱平衡紊乱类型及其诊断依据是什么?

7. 某癔病发作 2 小时的患者，实验室检查结果示动脉血 pH 7.60，$PaCO_2$ 25mmHg，AB 20mmol/L，SB 24mmol/L，BE +0.5mmol/L。其酸碱平衡紊乱类型及其诊断依据是什么?

8. 剧烈呕吐易引起何种酸碱平衡紊乱？试分析其发生机制。

第五章　发　　热

一、单项选择题

1. 下列有关发热概念的叙述正确的是（　　）
A. 体温超过正常值 0.6℃
B. 产热过程超过散热过程
C. 是临床上常见的疾病
D. 由体温调节中枢调定点上移引起的体温升高
E. 由体温调节中枢调节功能障碍引起的体温升高

2. 人体最重要的散热途径是（　　）
A. 肺　B. 皮肤　C. 尿　D. 粪　E. 肌肉

3. 下述哪一种体温升高属于过热（　　）
A. 妇女月经前期　B. 妇女妊娠期　C. 剧烈运动后
D. 先天性无汗腺　E. 流行性脑膜炎

4. 体温调节中枢的高级部分是（　　）
A. 视前区-前下丘脑　B. 延髓　C. 脑桥
D. 中脑　E. 脊髓

5. 炎热环境中皮肤散热的主要形式是（　　）
A. 发汗　B. 对流　C. 血流　D. 传导　E. 辐射

6. 引起发热最常见的病因是（　　）
A. 淋巴因子　B. 恶性肿瘤　C. 变态反应　D. 细菌感染　E. 病毒感染
7. 输液反应出现的发热其产生原因多数是由于（　　）
A. 变态反应　B. 药物的毒性反应　C. 外毒素污染
D. 内毒素污染　E. 霉菌污染
8. 体温上升期的热代谢特点是（　　）
A. 产热和散热平衡　B. 散热大于产热　C. 产热大于散热
D. 产热障碍　E. 散热障碍
9. 发热病人最常出现（　　）
A. 代谢性酸中毒　B. 呼吸性酸中毒　C. 混合性酸中毒
D. 代谢性碱中毒　E. 混合性碱中毒
10. 发热造成循环系统功能改变的突出表现是（　　）
A. 血压升高　B. 心率加快　C. 心输出量增多
D. 心负荷加重　E. 心肌收缩力增强
11. 高热病人容易发生（　　）
A. 低渗性脱水　B. 等渗性脱水　C. 高渗性脱水
D. 水中毒　E. 水肿
12. 引起寒战的原因是（　　）
A. 全身皮肤的立毛肌不随意收缩　B. 全身性骨骼肌不随意的僵直性收缩
C. 下肢骨骼肌不随意的周期性收缩　D. 全身皮肤的立毛肌周期性收缩
E. 全身性骨骼肌不随意的周期性收缩
13. 退热期的热代谢特点是（　　）
A. 产热大于散热　B. 散热大于产热　C. 产热等于散热
D. 产热障碍　E. 散热障碍
14. 退热期可导致（　　）
A. Na^+潴留　B. Cl^-潴留　C. 水潴留
D. 脱水　E. 出汗减少
15. 下述对发热时机体物质代谢变化的叙述错误的是（　　）
A. 物质代谢率增高　B. 糖原分解加强　C. 脂肪分解加强
D. 蛋白质代谢出现负氮平衡　E. 维生素消耗减少
16. 体温每升高1℃，心率平均每分钟约增加（　　）
A. 5次　B. 10次　C. 15次　D. 18次　E. 20次
17. 体温下降期应特别注意防治（　　）
A. 大汗　B. 脱水　C. 休克　D. 多尿　E. 寒战
18. 外源性致热源引起发热主要是（　　）
A. 激活局部的血管内皮细胞，释放致炎物　B. 刺激局部的神经末梢，释放神经介质
C. 刺激内生致热源的产生和释放　D. 加速分解代谢，产热增加
E. 透过血-脑屏障，使体温调定点上移
19. 内生致热源是（　　）
A. 由中枢神经系统产生的能引起体温升高的内在介质
B. 由产热器官产生的能引起体温升高的内在介质
C. 产EP细胞在发热激活物的作用下，产生和释放的能引起体温升高的物质

D. 由产热原细胞产生的能引起体温升高的神经激素

E. 细菌毒素

二、填空题

1. 发热激活物是指能够激活________细胞，使产生和释放________的物质。

2. 内生致热源的效应部位是________，它的作用使________上移。

3. 外源性致热源________透过血-脑屏障，而内源性致热源________透过血脑屏障。

4. 在临床上多数发热（急性传染性病和急性炎症），大致可分为 3 个时相：________；________；________。

5. 人体最重要的散热途径是________。

6. 在炎热环境中皮肤散热的主要形式是通过________。

7. 体温调节中枢的高级部位是________。

8. 病理性体温升高包括________和________两种情况。

9. 引起发热最常见的病因是________。

10. 体温上升期的热代谢特点是________；发热高峰期的热代谢特点是________；退热期的热代谢特点是________。

11. 退热期由于大量出汗可导致________。

三、名词解释

1. 发热　2. 过热　3. 内生致热源　4. 热惊厥

四、问答及病例分析

1. 体温升高包括哪几种情况？

2. 在发热的体温上升期的变化及其机制是怎样的？

3. 发热时机体心血管系统功能有哪些变化？

4. 发热时机体的物质代谢有哪些变化？

5. 对发热病人的处理原则是什么？

6. 患者，男，30 岁。因淋雨后出现寒战、高热、咳嗽 2 天来院就诊。

查体：体温 39.4℃，脉搏 120 次/分，呼吸 25 次/分。急性病容，面颊绯红，气急，两肺呼吸音粗，右下肺可闻及少许湿啰音。心率 120 次/分，律齐。

实验室检查：血常规示白细胞计数 14×10^9/L，中性粒细胞 0.82，淋巴细胞 0.18。

X 线检查示右肺下野纹理增粗，有密度增高、边缘模糊的云絮状阴影。

临床诊断：大叶性肺炎。

根据病例回答下列问题：

（1）引起患者发热的原因是什么？该病例的发热应如何处理？

（2）解释该患者为什么先出现寒战，而后出现高热？

（3）患者发热时，为什么出现心率和呼吸增快？

7. 患者，男，47 岁。3 天前开始发热，体温 38℃左右，伴咽痛、鼻塞及咳嗽，无呕吐与腹泻。体检：体温 38.2℃，咽部充血。心律齐，心率 90 次/分，未闻及杂音。两肺呼吸音清。腹平软，无压痛。肝脾未扪及。该患者发热的原因是什么？

第六章　缺　　氧

一、单项选择题

1. 缺氧是指（　　）

A. 吸入气中的氧减少　　B. 血液中氧含量降低

C. 血液中氧分压降低　　D. 血液氧容量降低
E. 供氧不足或用氧障碍
2. 慢性阻塞性肺疾病发生缺氧的始动因素是（　　）
A. 吸入气氧分压过低　　B. 肺泡气氧分压降低
C. 动脉血氧分压降低　　D. 动脉血氧饱和度降低
E. 动脉血氧容量降低
3. 低张性缺氧症引起组织缺氧，动脉血氧分压须低于（　　）
A.12.0kPa（90mmHg）　　B. 10.7kPa（80mmHg）
C. 9.3kPa（70mmHg）　　D. 8.0kPa（60mmHg）
E. 6.7kPa（50mmHg）
4. CO 造成缺氧的原因为（　　）
A. O_2 与 HHb 结合速率减慢　　B. HbO_2 解离速度减慢
C. HbCO 无携氧能力　　D. CO 使红细胞内 2，3-DPG 增高
E. 以上都不对
5. 引起肠源性发绀的原因为（　　）
A. 亚硝酸盐中毒　　B. CO 中毒　　C. 氰化物中毒
D. 硫化物中毒　　E. 肠道淤血水肿和菌群失调
6. 循环性缺氧时，血氧指标变化最有特征性的是（　　）
A. PaO_2 正常　　B. 血氧容量正常　　C. A 血氧容量正常
D. A 血氧饱和度正常　　E. A-V 血氧含量差增大
7. 最能反映组织中毒性缺氧的指标是（　　）
A. PaO_2↓　　B. A 血氧容量↓　　C. A 血氧含量↓
D. A-V 血氧含量差↑　　E. V 血氧含量↑
8. CO 中毒病人皮肤黏膜的颜色常呈（　　）
A. 咖啡色　　B. 玫瑰红色　　C. 苍白色
D. 樱桃红色　　E. 青紫色
9. 氧离曲线右移是由于（　　）
A. 红细胞内 2，3-DPG 增多　　B. 血 H^+↑
C. $PaCO_2$↑　　D. 血温↑
E. 以上都不是
10. 下述缺氧哪一种常无发绀（　　）
A. 呼吸功能不全　　B. 组织用氧障碍　　C. 心力衰竭
D. 静脉血掺杂　　E. 窒息
11. 急性低张性缺氧时机体最重要的代偿机制是（　　）
A. 心率加快　　B. 心肌收缩性增强
C. 肺通气量增加　　D. 脑血流量增加
E. 腹腔内脏血流少
12. 急性缺氧引起的血管效应为（　　）
A. 冠脉收缩，脑血管收缩，肺血管扩张　　B. 冠脉扩张，脑血管收缩，肺血管扩张
C. 冠脉扩张，脑血管扩张，肺血管扩张　　D. 冠脉扩张，脑血管扩张，肺血管收缩
E. 冠脉收缩，脑血管扩张，肺血管收缩
13. 急性缺氧时，血管收缩和血流量减少最显著的脏器是（　　）

A. 肝　B. 肾　C. 肺　D. 胃肠道　E. 胰腺

14. 严重缺氧使细胞损伤，细胞膜内外的离子浓度变化为（　　）

A. 细胞内 Na^+↑　B. 细胞内 Ca^{2+}↓　C. 细胞外 K^+↓

D. 细胞外 H^+↓　E. 以上都不对

15. 低张性缺氧时可有（　　）

A. 氧饱和度正常　B. 动静脉氧差增大　C. 血氧容量明显降低

D. 血氧含量减少　E. 以上都不对

16. 血液性缺氧可以存在（　　）

A. 氧分压降低和发绀　B. 氧分压降低但无发绀　C. 氧含量降低和发绀

D. 氧含量降低但无发绀　E. 以上都不对

17. 循环性缺氧时可出现（　　）

A. 氧分压降低和发绀　B. 氧分压降低但无发绀

C. 动静脉氧差降低和发绀　D. 动静脉氧差增高和发绀

E. 以上都不对

18. 血氧分压降低并伴有发绀可能见于（　　）

A. 氰化物中毒患者　B. 肠源性发绀患者

C. 休克患者　D. CO 中毒患者

E. 以上都不对

19. 严重贫血患者引起组织缺氧，下述指标正确的是（　　）

A. 氧分压减小　B. 氧容量变化不大　C. 氧含量可代偿性增高

D. 动静脉氧差增大　E. 以上都不对

20. 正常机体内，下列哪个部位氧分压最高（　　）

A. 线粒体内膜　B. 肺静脉血液　C. 肺泡气体

D. 毛细血管血液　E. 主动脉血液中的红细胞

21. 下列何种物质可使亚铁血红蛋白氧化成高铁血红蛋白从而失去携带氧的能力（　　）

A. 乳酸　B. 磷酸盐　C. 肌酐　D. 亚硝酸盐　E. CO

22. 动脉血氧分压、氧容量和氧含量正常，静脉血氧含量增高可见于（　　）

A. 慢性贫血　B. 失血性休克　C. 呼吸衰竭　D. 氰化钠中毒　E. 充血性心力衰竭

23. 血氧容量 20ml/dl，动脉血氧含量 15ml/dl，动脉血氧分压 6.7kPa（50mmHg），动静脉氧差 4ml/dl，其缺氧类型最可能为（　　）

A. 组织性缺氧　B. 缺血性缺氧　C. 血液性缺氧

D. 低张性缺氧　E. 淤血性缺氧

24. 血氧容量 12ml/dl，动脉血氧含量 11.4ml/dl，动脉血氧分压 13.3kPa（100mmHg），动静脉氧差 3.6ml/dl，患何种疾病可能性最大（　　）

A. 维生素 B_2 缺乏　B. 大叶性肺炎　C. 阻塞性肺气肿

D. 慢性贫血　E. 失血性休克

25. 低张性缺氧引起肺通气量增加的主要机制是（　　）

A. 刺激颈动脉窦压力感受器　B. 刺激主动脉弓压力感受器

C. 刺激颈动脉体化学感受器　D. 刺激肺牵张感受器

E. 刺激中枢化学感受器

26. 对缺氧最为敏感的器官是（　　）

A. 心　B. 肺　C. 肾　D. 脑　E. 肝

27. 急性缺氧导致肺动脉压升高的主要因素是（　）

A. 右心输出量增加　B. 肺小静脉淤血　C. 肺小动脉收缩

D. 左心功能不全　E. 血流量增加

28. 氧疗效果最好的是（　）

A. 贫血性缺氧　B. 循环性缺氧　C. 组织性缺氧

D. 血液性缺氧　E. 低张性缺氧

三、填空题

1. 根据缺氧原因和血气变化的特点，可把缺氧分为四种类型：________、________、________和________。

2. 严重贫血可引起________性缺氧，其血氧指标的变化为 PaO_2________，CO_{2max}________，SaO_2________，动静脉氧差________。

3. 氰化钾中毒，属于________缺氧，其血氧指标的变化为 PaO_2________，CO_{2max}________，SaO_2________，动静脉氧差________。

4. 人到高原，由于吸入气氧分压过低，PaO_2________，呼吸________，$PaCO_2$ 随之________，故常伴有________酸中毒，此时 AB________SB（>，=，<）。

5. 低张性缺氧的主要特点为________，使氧饱和度________，氧含量________，组织供氧不足。发生原因主要为①________②________和③________。

6. 血液性缺氧是由于血红蛋白________，以致________降低或氧含血红蛋白不易________，使组织缺氧。

7. 低张性缺氧的主要特点为________，使氧饱和度________，氧含量________，组织供氧不足。发生原因主要为________，________和________。

三、名词解释

1. 缺氧　2. 发绀　3. 低氧血症

四、问答及病例分析

1. 说出缺氧的类型及各型缺氧的血氧变化特点。

2. 所有缺氧是否都有发绀？为什么？

3. 煤气中毒是如何导致缺氧的？

4. 严重缺氧时机体细胞发生哪些损伤？

5. 某患者，入院后进行实验室检查，各血氧指标：PaO_2 97mmHg，PvO_2 60mmHg，血氧容量 10.8ml/dl，动脉血氧饱和度 97%，动静脉血氧含量差 2.8ml/dl。

此患者可有何种类型缺氧？为什么？

第七章　休　克

一、单项选择题

1. 微循环的营养通路是（　）

A. 微 A→后微 A→直通毛细血管→微 V　B. 微 A→后微 A→真毛细血管→微 V

C. 微 A→A-V 吻合支→微 V　D. 微 A→A-V 吻合支→真毛细血管→微 V

E. 微 A→后微 A→直通毛细血管→真毛细血管→微 V

2. 正常微循环中，经常开放的通路是（　）

A. 直捷通路　B. 迂回通路　C. 营养通路

D. A-V 吻合支　E. 以上都不对

3. 休克的关键是（　　）
A. 以血压下降为主要特征的病理过程
B. 以急性微循环功能障碍为主要特征的病理过程
C. 心输出量降低引起的循环衰竭
D. 外周血管紧张性降低引起的周围循环衰竭
E. 机体应激反应能力降低引起的病理过程
4. 关于休克的临床表现错误的是（　　）
A. 烦躁不安或淡漠甚至昏迷　B. 呼吸急促，脉搏细速
C. 面色苍白或潮红、发绀　D. 血压均降低
E. 尿少或无
5. 休克时交感-肾上腺髓质系统处于（　　）
A. 强烈兴奋　B. 先兴奋后抑制、衰竭　C. 强烈抑制
D. 先抑制后兴奋　E. 改变不明显
6. 休克Ⅰ期微循环灌流的特点是（　　）
A. 多灌少流，灌多于流　B. 少灌少流，灌少于流
C. 少灌多流，灌少于流　D. 多灌多流，灌多于流
E. 多灌多流，灌少于流
7. 休克Ⅱ期微循环灌流的特点是（　　）
A. 多灌少流，灌多于流　B. 少灌少流，灌少于流
C. 少灌多流，灌少于流　D. 多灌多流，灌多于流
E. 多灌多流，灌少于流
8. 休克时最常出现的酸碱失衡是（　　）
A. 代谢性碱中毒　B. 呼吸性酸中毒
C. AG 升高性代谢性酸中毒　D. AG 正常性代谢性酸中毒
E. 混合性酸中毒
9. 失血性休克早期，功能最易受损的器官是（　　）
A. 心　B. 脑　C. 肺　D. 肝　E. 肾
10. 不符合休克早期临床症状的是（　　）
A. 面色苍白　B. 四肢湿冷　C. 尿量减少
D. 血压不降低，脉压增大　E. 收缩压稍升高
11. 诊断休克时发生急性肾衰竭的最主要依据为（　　）
A. 少尿　B. 氮质血症　C. 多尿　D. 肾性高血压　E. 肾性贫血
12. 某患者注射破伤风抗毒素后，血压 55/35mmHg，脉搏细速，神志淡漠，尿量 13ml/h，皮肤花斑、发绀。该患者处在（　　）
A. 休克早期　B. 休克期　C. 休克晚期　D. 难治期　E. DIC 期
13. 休克期，对患者补液的正确原则应是（　　）
A. 血压下降不严重则不必补液　B. 补充丧失部分的体液即“失多少，补多少”
C. “宁多勿少”　D. “需多少，补多少”
E. 补充丧失部分的体液和当日将继续丧失的体液
14. 休克时，下述何种症状是标志休克加重的最明显的标志（　　）
A. 少尿、无尿　B. 皮肤湿冷　C. 皮肤出现花斑
D. 脉搏细速　E. 以上都不是

15. 成年人急性失血，至少一次失血量超过总血量的多少才引起休克（　　）
A. 15%　　B. 20%　　C. 30%　　D. 40%　　E. 50%
16. 下列哪项不是休克Ⅰ期微循环的变化（　　）
A. 微动脉、后微动脉收缩　　B. 动-静脉吻合支收缩
C. 毛细血管前括约肌收缩　　D. 真毛细血管关闭
E. 少灌少流，灌少于流
17. 休克Ⅰ期“自身输血”主要是指（　　）
A. 动-静脉吻合支开放，回心血量增加　　B. 醛固酮增多，钠水重吸收增加
C. 抗利尿激素增多，重吸收水增加　　D. 容量血管收缩，回心血量增加
E. 缺血缺氧使红细胞生成增多
18. 休克Ⅰ期“自身输液”主要是指（　　）
A. 容量血管收缩，回心血量增加　　B. 毛细血管内压降低，组织液回流增多
C. 醛固酮增多，钠水重吸收增加　　D. 抗利尿激素增多，重吸收水增加
E. 动-静脉吻合支开放，回心血量增加
19. 休克早期微循环开放的血管主要是（　　）
A. 微动脉　　B. 后微动脉　　C. 真毛细血管
D. 微静脉　　E. 动-静脉吻合支
20. 休克期血压进行性下降的主要原因是（　　）
A. 微循环障碍回心血量严重不足　　B. 血液中儿茶酚胺浓度进行性下降
C. 交感神经先兴奋后转为抑制　　D. 外周小动脉紧张度进行性降低
E. 心功能不足，心输出量明显减少
21. 休克的微循环淤血期组织灌流的特点是（　　）
A. 多灌多流、灌少于流　　B. 多灌多流、灌多于流
C. 少灌少流、灌少于流　　D. 少灌多流、灌少于流
E. 灌而少流、灌多于流
22. 休克晚期并发 DIC 时组织灌流的特点是（　　）
A. 不灌不流　　B. 少灌少流　　C. 多灌少流
D. 多灌多流　　E. 少灌多流
23. 休克早期产生的肾衰竭是（　　）
A. 器质性肾衰竭　　B. 非少尿型肾衰竭　　C. 肾后性肾衰竭
D. 肾性肾衰竭　　E. 肾前性肾衰竭

二、填空题

1. 微循环是指________和________之间的血液循环。由________部分组成。微循环的灌流情况主要是受________调节。

2. 根据休克发生过程血流动力学和微循环变化规律，一般可将休克发展过程分为________期、________期、________期。

3. 休克初期又称________期，此时外周________升高，其主要原因为________系统兴奋和________的作用。

4. 休克各期组织灌流量都出现________，休克早期灌________于流，休克期则灌________于流。

5. 休克早期________等部位血管剧烈收缩，________等则不明显，保证了________器官的血液供应。

6. 休克期微循环的特点为________与________对儿茶酚胺的反应性降低，痉挛减轻，而________仍高，因此血流________。

7. 休克期微循环的变化表现与休克早期不同，此时________进行性下降，心脑也可因________而出现功能障碍。

三、名词解释

1. 休克　　2. 自身输液　　3. 自身输血

四、问答及病例分析

1. 动脉血压降低是否可作为判断休克发生的指标？为什么？

2. 休克早期机体有哪些代偿措施？

3. 休克早期微循环有哪些变化？为什么有这些改变？

4. 休克期微循环有哪些变化？为什么会产生这些改变？

5. 休克晚期为什么在微循环中形成 DIC？

6. 试述微循环的组成及其调节。

7. 患者，女，29 岁。因车祸头部及肢体多处发生创伤，并伴有大量出血（估计 1200ml），经清创手术及输血（500ml）、输液（生理盐水 1000ml）处理后血压一直不能恢复，处于半昏迷状态，采用人工呼吸、心电监护，同时用 2mg 去甲肾上腺素静脉缓慢滴注，最高浓度达 8mg。最终因抢救无效而死亡。

该患者应属何种休克？该患者处理措施是否合理？为什么？

8. 患者，男，19 岁。外出务工，不慎从高处坠落，事发后由他人救起。查体：面色苍白、脉搏细弱，四肢冷、出汗，左耻骨联合及大腿根部大片瘀斑、血肿。BP 65/50mmHg，HR 125 次/分，T 36.8℃。伤后送医院，途中患者渐转入昏迷，皮肤出现瘀斑，最终死亡。

该患者应属何种休克？送院前该患者处于休克哪一阶段，此阶段微循环变化的特点是什么？请从病理生理的角度提出抢救此患者的原则。

第八章　DIC

一、单项选择题

1. DIC 的病理特征为（　　）

A. 血液凝固性增高　　B. 血栓形成　　C. 继发性出、凝血功能障碍
D. 原发性纤溶功能增强　　E. 以上都不对

2. 弥散性血管内凝血（DIC）的发病中心环节是（　　）

A. 广泛微血栓形成　　B. 凝血酶生成增加　　C. 继发纤维蛋白溶解亢进
D. 凝血功能紊乱　　E. MODS

3. DIC 时血液凝固性障碍表现为（　　）

A. 血液凝固性增高　　B. 先高凝后转为低凝　　C. 先低凝后转为高凝
D. 高凝、低凝同时发生　　E. 纤溶活性增高

4. 在下列疾病中，哪一项是引起 DIC 最常见的疾病（　　）

A. 恶性肿瘤　　B. 大手术创伤　　C. 产科意外
D. 感染性疾病　　E. 代谢性疾病

5. 下列哪项不是 DIC 发生的直接原因（　　）

A. 大量组织因子释放入血　　B. 血管内皮细胞受损
C. 血细胞的大量破坏　　D. 促凝物质进入血液
E. 血流淤滞

6. DIC 患者最初的临床症状是（　　）
A. 出血　B. 贫血　C. 休克
D. 以上都不对　E. MOF
7. 严重创伤引起 DIC 的直接原因是（　　）
A. 交感神经兴奋，血浆儿茶酚胺水平增高
B. 组织因子大量入血
C. 大量红细胞和血小板受损
D. 活化凝血因子的清除功能受损
E. 继发于创伤性休克
8. 典型 DIC 的血液凝固性障碍过程常表现为（　　）
A. 持续高凝状态　B. 原发性低凝状态　C. 先高凝后转为低凝
D. 以上都不对　E. 先低凝后转为高凝
9. DIC 晚期发生明显出血时，其主要的原因是（　　）
A. 凝血系统被激活　B. 血管的严重损伤　C. 补体系统被激活
D. 纤溶系统激活，并远大于凝血活性　E. 激肽系统被激活
10. 产科意外容易诱发 DIC，其主要原因是（　　）
A. 单核吞噬细胞系统功能低下　B. 纤溶系统活性增高
C. 血液处于高凝状态　D. 血中促凝物质含量增多
E. 微循环血流淤滞
11. DIC 产生的贫血属于（　　）
A. 溶血性贫血　B. 再生障碍性贫血　C. 失血性贫血
D. 缺铁性贫血　E. 中毒性贫血
12. 微血管病性溶血性贫血，其发生机制主要是（　　）
A. 微血管内皮细胞大量受损　B. 微血管内形成了大量微血栓
C. 小血管内血流淤滞　D. 小血管强烈收缩
E. 纤维蛋白细丝在微血管内形成细网
13. DIC 时最常见的临床症状是（　　）
A. 出血　B. 休克　C. MOF
D. 贫血　E. 以上都不对
14. DIC 时引起休克的主要机制为（　　）
A. 微血栓形成，使回心血量减少
B. 出血可影响血容量
C. 凝血系统、激肽系统和补体系统激活
D. 心肌毛细血管内微血栓形成，影响了心肌收缩力，引起心功能降低
E. 以上都不对
15. DIC 患者出血与下列哪种因素关系最为密切（　　）
A. 肝合成凝血因子障碍　B. 抗凝血酶物质增多
C. 凝血因子大量消耗、破坏　D. 血管通透性增高
E. 白细胞激活和血管受损

二、填空题

1. DIC 引起出血的机制有以下三方面：________、________和________。
2. DIC 发生发展的影响因素有________、________、________、________。

3. DIC的主要临床表现为________、________、________、________。

4. 根据DIC的发生发展过程和病理生理特征，DIC可分为________、________、______等三期。

5. DIC是以________系统和________系统功能紊乱为特征的病理过程。

三、名词解释

1. 弥散性血管内凝血（DIC）
2. 微血管病性溶血性贫血

四、问答及病例分析

1. 说出DIC的主要临床表现。
2. 肝功能严重障碍为何能促发DIC?
3. 简述DIC出血的基本机制。
4. DIC时为什么会发生休克?
5. 简述DIC时多系统器官功能障碍。
6. 某患儿发热，呕吐，皮肤有出血点，出血点涂片检查见脑膜炎双球菌。治疗中出血点逐渐增多呈片状，血压由入院时的92/94mmHg(12.2/8.5kPa)降至60/40mmHg(8.0/5.3kPa)。

患儿可能的诊断是什么？依据是什么？应进一步对该患儿作什么检查？

第九章 呼吸衰竭

一、单项选择题

1. 呼吸衰竭通常是指（　　）

A. 内呼吸功能障碍　　B. 外呼吸功能严重障碍
C. 血液携氧功能障碍　　D. CO_2排出功能障碍
E. 呼吸系统疾病造成机体缺氧

2. 呼吸衰竭最常见病因为（　　）

A. 急性上呼吸道感染　　B. 炎症使中央气道狭窄、阻塞
C. 麻醉或镇静药过量使用　　D. 肺栓塞
E. 慢性阻塞性肺疾病

3. Ⅱ型肺泡上皮受损时可使（　　）

A. 肺泡回缩力↓　　B. 肺泡表面张力↑
C. 肺顺应性↑　　D. 肺泡膨胀稳定性增强
E. 以上都不对

4. 限制性通气不足是由于（　　）

A. 中央气道阻塞　　B. 外周气道阻塞
C. 肺泡扩张受限制　　D. 肺泡通气血流比例失调
E. 肺泡膜面积减少，厚度增加

5. 阻塞性通气不足是由于（　　）

A. 非弹性阻力↑　　B. 肺顺应性↓　　C. 肺泡扩张受限
D. 肺泡通气血流比例失调　　E. 以上都不对

6. 慢性阻塞性肺疾病发生呼吸衰竭的中心环节是（　　）

A. 肺顺应性下降　　B. 支气管黏膜水肿　　C. 有效肺泡通气量减少
D. 小气道阻塞　　E. 肺组织弹性下降

7. 呼吸衰竭伴发右心衰竭的机制是（　　）

A. 外周血管阻力↓，回心血量↑　B. 慢性缺氧使血量增多
C. 血黏度↑　D. 肺泡氧分压↓，引起肺血管收缩
E. 肺小动脉管壁增厚，管腔狭窄

8. Ⅱ型呼吸衰竭血气诊断标准为（　）
A. PaO_2＜8.0 kPa（60mmHg）　B. P_AO_2＜8.0 kPa（60mmHg）
C. $PaCO_2$＞6.7kPa（50mmHg）　D. P_AO_2＜8.0 kPa，$PaCO_2$＞6.7kPa
E. PaO_2＜8.0 kPa，$PaCO_2$＞6.7kPa

9. 呼吸衰竭时，发生肾功能不全的最重要机制是（　）
A. 缺氧直接损伤肾脏功能　B. 并发心功能不全　C. 并发 DIC
D. 反射性肾血管收缩　E. 并发休克

10. 外周气道阻塞时，呼吸困难主要表现为（　）
A. 吸气性呼吸困难　B. 呼气性呼吸困难　C. 呼吸加深加快
D. 阵发性呼吸困难　E. 以上都不对

11. Ⅱ型呼吸衰竭在导致肺性脑病的发生中起主要作用的是（　）
A. 缺氧使脑血管扩张　B. 缺氧使细胞内 ATP 生成↓，影响 Na^+-K^+泵功能
C. 缺氧导致脑细胞酸中毒　D. 缺氧使血管通透性增高，导致脑间质水肿
E. CO_2 分压增高，导致脑血流量增高和脑细胞酸中毒

12. 呼吸衰竭时，机体发生代谢和功能变化的根本原因是（　）
A. 水、电解质紊乱　B. 血压增高
C. 低氧血症和高碳酸血症　D. 交感神经兴奋
E. 呼吸中枢抑制

13. 中央性气道阻塞部位在胸膜腔外，呼吸困难主要表现为（　）
A. 吸气性呼吸困难　B. 呼气性呼吸困难　C. 阵发性呼吸困难
D. 呼吸加深加快　E. 以上都不对

14. 呼吸衰竭引起右心衰竭主要是由于（　）
A. 缺氧所致血流量增加　B. 缺氧所致心肌收缩性显著降低
C. 肺动脉高压　D. 发生Ⅱ型呼吸衰竭时，血 K^+的增高影响心功能
E. 以上都不对

15. Ⅰ型呼吸衰竭和Ⅱ型呼吸衰竭最主要的区别是（　）
A. 动脉血氧分压　B. 肺泡气氧分压
C. 动脉血二氧化碳分压　D. 二氧化碳结合力
E. 动脉血 pH

16. 判断呼吸衰竭的一个重要指标是（　）
A. 呼吸节律的异常　B. 呼吸困难的程度　C. 发绀的程度
D. 血气分析　E. 细胞缺氧的程度

17. 肺的弹性阻力增大时（　）
A. 肺的顺应性下降　B. 肺的顺应性增加
C. 肺的顺应性先增高后下降　D. 肺的顺应性先下降后增高
E. 肺的顺应性不受影响

18. 对表面活性物质的描述不正确的是（　）
A. 由肺泡Ⅱ型上皮细胞产生　B. 化学成分是脂蛋白
C. 降低肺的顺应性　D. 降低肺泡表面张力

E. 降低肺泡回缩力

19. 下列哪一项不引起限制性通气不足（　　）

A. 呼吸中枢抑制　　B. 胸廓严重畸形　　C. 气道口径减小

D. 气胸　　E. 肺组织弹性阻力增加

20. 肺组织的顺应性是指（　　）

A. 肺的弹性回缩力大小　　B. 肺的扩展性

C. 肺在单位压力变化下所引起的容量变化　　D. 肺内压力的变化

E. 肺内容量的大小

21. 肺泡呼吸面积减少到何种程度，就会因弥散障碍而导致呼吸衰竭（　　）

A. 1/6 以上　　B. 1/5 以上　　C. 1/4 以上

D. 1/3 以上　　E. 1/2 以上

22. 反映肺通气量的最佳指标是（　　）

A. 肺活量　　B. 肺潮气量　　C. 时间肺活量

D. $PaCO_2$　　E. PaO_2

23. 直接影响气道阻力的主要因素是（　　）

A. 气道内径　　B. 气道长度和形态　　C. 气流速度

D. 气流类别（层流、湍流）E. 气体的密度

24. 呼吸衰竭最常引起的酸碱平衡紊乱是（　　）

A. 代谢性酸中毒　　B. 呼吸性酸中毒　　C. 代谢性碱中毒

D. 呼吸性碱中毒　　E. 混合性酸碱平衡紊乱

25. 有缺氧伴二氧化碳潴留的呼吸衰竭患者不能用高浓度吸氧，是因为（　　）

A. 诱发肺不张　　B. 消除外周化学感受器的兴奋性

C. 可能会引起氧中毒　　D. 促使 CO_2 排出过快

E. 以上都不是

二、填空题

1. 肺通气功能障碍可以由________和________两种机制造成。

2. 中央气道胸外发生阻塞引起呼吸困难时，患者表现出________性的呼吸困难；中央气道胸内发生阻塞引起呼吸困难时，患者表现出________性的呼吸困难。

3. 一般来说，根据血液气体变化特点，将呼吸衰竭分为________型和________型，根据发病机制，将呼吸衰竭分为________型和________型，根据发病部位，将呼吸衰竭分为________型和________型，根据病程快慢，将呼吸衰竭分为________型和________型。

4. 缺氧对呼吸中枢有直接________作用，$PaCO_2$ 升高对呼吸中枢有________作用，但当 $PaCO_2$ 超过 80mmHg 时，对呼吸中枢有________作用。

三、名词解释

1. 呼吸衰竭　　2. 呼吸功能不全　　3. Ⅰ型呼吸衰竭

4. Ⅱ型呼吸衰竭　　5. 肺性脑病

四、问答及病例分析

1. 为什么单纯弥散障碍不伴有 $PaCO_2$ 升高？

2. 试述肺性脑病的概念及发生机制。

3. 呼吸衰竭的患者给氧治疗的原则和机制是什么？

4. 某病人因肺不张呼吸困难急诊入院，血气分析：$PaCO_2$ 6.65kPa（50mmHg），PaO_2 7.5kPa（56.4mmHg），手术治疗后呼吸困难和血气分析正常。该患者发生哪型呼吸衰竭？发

生呼吸衰竭的机制如何？患者为什么会发生呼吸困难？该患者属于哪种类型缺氧？

5. 某特发性肺间质纤维化患者，男，33岁，因气短入院。查体：体温36.5℃，心率104次/分，呼吸60次/分。呼吸急促，发绀，两肺底有细湿啰音。肺活量1000ml（正常成年男性3500ml）。血气分析：PaO_2 58mmHg，$PaCO_2$ 32.5mmHg（正常40mmHg），pH 7.49（正常7.35～7.45）。

该患者发生了哪种类型呼吸衰竭，机制如何？患者为什么会发生呼吸困难？患者发生了哪种类型的酸碱平衡紊乱？

第十章 心力衰竭

一、单项选择题

1. 下列哪项最符合心力衰竭的概念（　　）

A. 心脏每搏输出量↓　　B. 心功能障碍引起大小循环充血

C. 心输出量不能满足机体的需要　　D. 静脉回心血量＞心输出量

E. 伴有肺水肿或肝脾大、下肢水肿的综合征

2. 下列哪一种疾病伴有左心室后负荷加重（　　）

A. 甲亢　　B. 高血压　　C. 肺动脉高压

D. 心室间隔缺损　　E. 心肌炎

3. 下列哪一种疾病伴有左心室前负荷明显加重（　　）

A. 主动脉瓣关闭不全　　B. 心肌梗死　　C. 高血压

D. 心肌炎　　E. 肥厚性心肌病

4. 下列哪一种疾病伴有右心室前负荷明显加重（　　）

A. 高血压　　B. 心肌病　　C. 室间隔缺损

D. 肺源性心脏病　　E. 主动脉瓣关闭不全

5. 下列哪一种疾病伴有右心室后负荷明显加重（　　）

A. 高血压　　B. 心肌梗死　　C. 严重贫血

D. 肺梗死　　E. 心脏瓣膜关闭不全

6. 判断心功能不全严重程度的重要标准是（ ）

A. 病程是急性还是慢性　　B. 休息和负荷情况下的症状和体征

C. 存在左心或右心衰竭　　D. 病因是压力还是容量负荷过度

E. 以上都不对

7. 急性心力衰竭时，可无下述哪项代偿方式（　　）

A. 心率加快　　B. 心脏紧张源性扩张　　C. 交感神经兴奋

D. 心肌肥大　　E. 血液重新分配

8. 心脏向心性肥大的本质是（　　）

A. 心肌细胞增生　　B. 肌节的并联性增生　　C. 肌节的串联性增生

D. 心肌纤维长度加大　　E. 以上都不是

9. 心力衰竭时，血液灌流量减少最明显的器官是（　　）

A. 皮肤　　B. 肝　　C. 骨骼肌　　D. 脑　　E. 肾

10. 左心衰竭病人出现右心衰竭时，表现出（　　）

A. 肺淤血继续存在　　B. 肺水肿继续存在　　C. 肺淤血减轻

D. 肺淤血合并体循环淤血　　E. 肺循环和体循环都恢复正常

11. 左心功能不全时发生呼吸困难的主要机制是（　　）

A. 肺动脉高压　　B. 肺淤血、肺水肿
C. 深睡眠时迷走神经紧张性增高　　D. 平卧位使静脉回流加速
E. 平卧位使胸腔容积减小

12. 夜间阵发性呼吸困难发生的主要机制是（　　）
A. 平卧位时回心血量增多　　B. 平卧位时水肿液不易入血
C. 迷走神经紧张性降低　　D. 神经反射敏感性增高
E. 夜间周围血管紧张性增高

13. 慢性心力衰竭时，机体最有效的代偿方式是（　　）
A. 心率加快　　B. 心肌肥大
C. 心室扩张，增强心收缩力　　D. 血液红细胞增多
E. 水钠潴留使血容量增多

14. 左心衰竭时，呼吸困难最早出现的表现是（　　）
A. 劳力性呼吸困难　　B. 夜间阵发性呼吸困难　　C. 端坐呼吸
D. 阻塞性呼吸困难　　E. 叹气样呼吸

15. 下述关于心力衰竭时心率加快的叙述不正确的是（　　）
A. 急性或慢性心力衰竭患者心率都加快　　B. 心率增加是一种快速代偿反应
C. 心率越快其代偿效果越好　　D. 心率加快主要是由于交感神经兴奋
E. 可提高心输出量

16. 右心衰竭不易出现的变化是（　　）
A. 下肢水肿　　B. 胃肠道淤血　　C. 心源性哮喘
D. 颈静脉怒张　　E. 肝大

17. 关于心肌肥大的叙述不正确的是（　　）
A. 心肌肥大是指心肌细胞体积增大　　B. 容量负荷过度可引起离心性肥大
C. 心肌肥大是一种慢性代偿反应　　D. 单位重量的肥大心肌收缩力增加
E. 压力负荷过度可引起向心性肥大

18. 下列哪项不是心力衰竭时心输出量减少的表现（　　）
A. 皮肤苍白　　B. 脉压变小　　C. 端坐呼吸
D. 尿少　　E. 嗜睡

二、填空题

1. 心力衰竭的诱因有________、________、________和________。

2. 心力衰竭时心率加快虽能起到一定的________作用，但如心率每分钟超过________次，则可促使心力衰竭的发生、发展。

3. 甲亢、严重贫血患者发生心力衰竭时，其心输出量较发生前________，但心输出量绝对值________正常人水平，称为________心力衰竭。

4. 心功能不全时，心脏以外的代偿措施有________、________、________和________。

5. 左心衰竭的患者，可引起不同程度的________血，主要表现为________和________。

6. 心力衰竭时，根据呼吸困难的进展程度，呼吸困难的临床表现分为________、________、________和________。

7. 心力衰竭导致体循环淤血见于________衰竭和________衰竭，主要表现为________、________、________的形成等。

三、名词解释

1. 心功能不全　　2. 离心性肥大　　3. 向心性肥大

4. 劳力性呼吸困难　　5. 夜间阵发性呼吸困难　　6. 端坐呼吸

四、问答及病例分析

1. 试述心功能不全的临床表现。

2. 患者，男，65 岁。风湿性心脏病史 20 年。近日感冒后出现胸闷、气促、夜间不能平卧，腹胀，双下肢水肿。查体：颈静脉怒张，肝颈静脉回流征阳性。双肺可闻及湿啰音。心界向两侧扩大，心音低钝，心尖部可闻及Ⅲ级舒张期隆隆样杂音。肝大，肋下 3 指。

患者发生了什么病理过程？请用病理生理知识解释其临床表现。

第十一章　肝 性 脑 病

一、单项选择题

1. 由肝功能障碍本身引起出血和止血障碍最主要的原因是（　　）

A. 血管壁结构出现异常　　B. 血小板数减少

C. 血小板黏附和聚集功能出现异常　　D. 合成的凝血和抗凝因子减少和功能异常

E. 与同时存在以上病理因素有关

2. 发生慢性肝功能不全最常见于（　　）

A. 肝癌　　B. 重症肝炎　　C. 严重药物中毒

D. 血吸虫病　　E. 门脉性肝硬化

3. 与肝性脑病基本概念要点不相符合的是（　　）

A. 存在急或慢性肝脏疾病的现病史

B. 存在中枢神经系统组织学损伤的证据

C. 存在精神和（或）神经功能异常的临床表现

D. 严重者出现昏迷

E. 肝功能改善时脑病可随之得到控制或恢复

4. 肝硬化病人使血氨增高的常见诱因为（　　）

A. 胃肠运动增强　　B. 胃肠道出血　　C. 过度活动使肌肉组织产氨过多

D. 碳水化合物摄入增多　　E. 抗生素的应用使肠道细菌活力减弱

5. 严重肝病时控制蛋白饮食主要是为了（　　）

A. 使病人减轻消化系统负担　　B. 促进肝功能的恢复

C. 避免发生精神、神经症状　　D. 减少肝-肾综合征发生的可能性

E. 与以上各方面都有关

6. 上消化道出血诱发肝性脑病的主要机制是（　　）

A. 引起失血性休克　　B. 脑组织缺血缺氧

C. 肠道细菌作用下产氨增多　　D. 血液中苯乙醇氨和羟苯乙醇氨增多

E. 破坏血-脑屏障，假性神经递质入脑

7. 血氨升高引起肝性脑病最主要的关键是（　　）

A. 影响大脑皮质的兴奋过程　　B. 干扰脑细胞的能量代谢

C. 脑内乙酰胆碱产生过多　　D. 使脑干网状结构活动异常

E. 使去甲肾上腺素的活性减弱

8. 脑内氨明显增多使正常神经递质的生成平衡受影响时，与哪一种递质无关（　　）

A. 谷氨酸　　B. 谷氨酰胺　　C. 乙酰胆碱

D. 去甲肾上腺素　　E. γ-氨基丁酸

9. 下述何种不属于肝性脑病的诱因（　　）

A. 消化道出血　　B. 高蛋白饮食　　C. 进食较多糖类食物
D. 便秘　　E. 短时间内大量放腹水

10. 肝性脑病是（　　）
A. 继发于严重肝疾病的一种 CNS 器质性疾病
B. 严重肝脏功能障碍时患者发生的神经精神异常的综合征
C. 血氨增高使 CNS 功能和结构受损的结果
D. 中枢抑制性神经递质增多，导致神经细胞代谢紊乱的结果
E. 以上都不对

二、填空题

1. 肝性脑病时生成的假性神经递质主要有________和________。
2. 氨对中枢神经系统产生毒性作用主要环节：________、________和________。
3. 肝性脑病的临床表现可人为分为四期：一期有________；二期________为主；三期________为主；四期患者完全丧失神志、不能唤醒。

三、名词解释

1. 肝功能不全　　2. 肝性脑病

四、问答及病例分析

1. 说出肝性脑病的诱发因素及防治措施。
2. 降低血氨的常用措施有哪些？
3. 某患者患肝硬化 5 年，平时状态尚可。一次进食不洁肉食后，出现高热（39℃）、频繁呕吐和腹泻，继之出现吃语，扑翼样震颤，最后进入昏迷。试分析该患者发生肝性脑病的诱发因素。

第十二章　肾　衰　竭

一、单项选择题

1. 判断慢性肾衰竭的最佳指标是（　　）
A. 高血压　　B. 贫血程度　　C. 血液 pH
D. 血清 NPN　　E. 内生肌酐清除率

2. 肾功能不全时易引起出血的主要原因为（　　）
A. 凝血因子大量消耗　　B. 血小板减少和功能障碍
C. 继发性纤溶功能增强　　D. 抗凝血因子如 ATⅢ等增多
E. 以上都不对

3. 急性肾衰竭的中心环节是（　　）
A. 肾小管原尿反流　　B. 肾小管阻塞
C. 肾毛细血管内凝血　　D. 肾小球滤过率降低
E. 肾小管上皮细胞坏死

4. 能使肾小球有效滤过率下降的主要因素是（　　）
A. 肾血流减少，肾小管阻塞　　B. 血浆胶体渗透压下降　　C. 出球小动脉收缩
D. 入球小动脉舒张　　E. 滤过面积减小

5. 肾小球滤过分数是指（　　）
A. 单位时间内原尿生成量比肾血流量
B. 单位时间内原尿生成量比肾血浆流量
C. 单位时间内原尿生成量比肾小管重吸收率

D. 单位时间内原尿生成量比终末尿量
E. 以上都不对
6. 引起肾前性肾衰竭的病理因素是（　　）
A. 汞中毒　B. 急性肾炎　C. 肾血栓形成
D. 休克　E. 尿路梗阻
7. 急性肾性肾衰竭的少尿期不会出现（　　）
A. 高钾血症　B. 酸中毒　C. 水中毒
D. 低比重尿　E. 尿钠含量降低
8. 急性肾衰竭最严重的并发症是（　　）
A. 高钾血症　B. 氮质血症　C. 低钠血症
D. 代谢性酸中毒　E. 水中毒
9. 判断慢性肾衰竭程度的最佳指标是（　　）
A. 血压高低　B. 贫血程度　C. 血液 pH
D. 血清 NPN　E. 内生肌酐清除率
10. 尿毒症患者发生口臭是由于（　　）
A. 硫醇所致　B. 酮体增多，丙酮排出　C. 过度换气时呼出的 CO_2
D. 细菌在咽部繁殖　E. 随唾液排出尿素，后者分解产生氨
11. 高渗性脱水时细胞外液渗透压　（　　）
A.＞310mmol/（kg · H_2O）　B.＞280mmol/（kg · H_2O）
C. =280mmol/（kg · H_2O）　D.＜280mmol/（kg · H_2O）
E. ＜310mmol/（kg · H_2O）
12. 急性肾衰竭少尿期 1 周内导致患者死亡最重要的原因是（　　）
A. 高磷血症　B. 低钠血症　C. 低钾血症
D. 高钾血症　E. 高钠血症
13. 肾小球滤过膜面积减少可见于（　　）
A. 急性肾小球肾炎　B. 肾病综合征　C. 肾盂积水
D. 肾中毒　E. 以上都不是
14. 肾远曲小管功能障碍时容易发生（　　）
A. 正常血氯性酸中毒　B. 高钾血症及肾小管性酸中毒
C. 低比重尿　D. 尿氨增多
E. 血碳酸氢钠升高
15. 下述何种是功能性急性肾衰竭的病因　（　　）
A. 肾中毒　B. 肝肾综合征　C. 肾移植急性排异反应
D. 急性肾小球肾炎　E. 慢性肾小球肾炎
16. 慢性肾衰竭最常见的病因是（　　）
A. 肾小动脉硬化症　B. 慢性肾盂肾炎　C. 尿路慢性阻塞
D. 肾结核　E. 慢性肾小球肾炎
17. 慢性肾衰竭时钙磷代谢障碍表现为（　　）
A. 血磷降低，血钙升高　B. 血磷正常，血钙升高　C. 血磷正常，血钙降低
D. 血磷升高，血钙降低　E. 血磷降低，血钙降低
18. 下列不属于急性肾衰竭临床表现的是（　　）
A. 氮质血症　B. 高钾血症　C. 代谢性酸中毒

D. 高磷低钙血症　　E. 水中毒

19. 肾性贫血发生的主要原因是（　　）

A. 维生素 D_3 减少　　B. 酸中毒　　C. PTH 增多

D. 氮质血症　　E. EPO 减少

20. 下列哪一项不属于 CRF 的内分泌功能障碍（　　）

A. 肾性高血压　　B. 肾性贫血　　C. 肾性骨营养不良

D. 高磷低钙　　E. 出血倾向

21. 少尿是指（　　）

A. ＜1500ml/d　　B. ＜750ml/d　　C. ＜400ml/d

D. ＜200ml/d　　E. ＜100ml/d

22. 慢性肾功能不全，发展至肾衰竭期时，内生肌酐清除率通常下降至正常值的（　　）

A. 30%　　B. 25%～30%　　C. 20%～25%　　D. 15%～20%　　E. 15%以下

二、填空题

1. 少尿型急性肾衰竭可分为三期，即________、________和________。

2. 肾前性急性肾衰竭的关键因素是________，导致________降低。

3. 肾性急性肾衰竭的关键因素是________损伤，导致________降低。

4. 经过少尿期后，尿量进行性增多是________信号，当每天尿量大于________，表明患者已进入多尿期。

三、名词解释

1. 肾衰竭　　2. 急性肾衰竭　　3. 少尿　　4. 无尿　　5. 氮质血症

6. 慢性肾衰竭　　7. 夜尿　　8. 多尿　　9. 尿毒症　　10. 等渗尿

四、问答及病例分析

1. 如何鉴别急性功能性肾衰竭和急性器质性肾衰竭?

2. 试述急性肾衰竭多尿期多尿发生的原制。

3. 简述慢性肾衰竭时出现多尿的机制。

4. 试比较急性与慢性肾衰竭时钾代谢的特点。

5. 患者，女，30 岁。患慢性肾小球肾炎 8 年。近年来，尿量增多，夜间尤甚。本次因妊娠反应严重，呕吐频繁，进食困难而急诊入院。入院检查：血清 K^+ 3.6mmol/L，内生肌酐消除率为正常值的 24%，pH 7.39，$PaCO_2$ 5.9kPa（43.8mmHg），HCO_3^- 26.3mmol/L，Na^+ 142mmol/L，Cl^- 96.5mmol/L。

试分析该患者有无肾衰竭、酸碱平衡和钾代谢紊乱?判断依据是什么?